CHARLIE AND THE MAGIC TREE
Cuaderno de Ejercicios del Alfabeto en Inglés

I0626054

Written By: Crystal Bass
Illustrated By: Mehk Arshad

CLARICE JEFFERIES
PUBLISHING

CHARLIE and The Magic Tree

Cuaderno de Ejercicios del
Alfabeto en Inglés

por
Crystal Bass
Publicado por Clarice Jefferies Publishing

Información de contacto: cjpublishing@yahoo.com

Impreso en los Estados Unidos de América de manera
responsable papel obtenido

Aa

Airplane

Avión

A̲ A A A A A A A A A

a a a a a a a a a a a

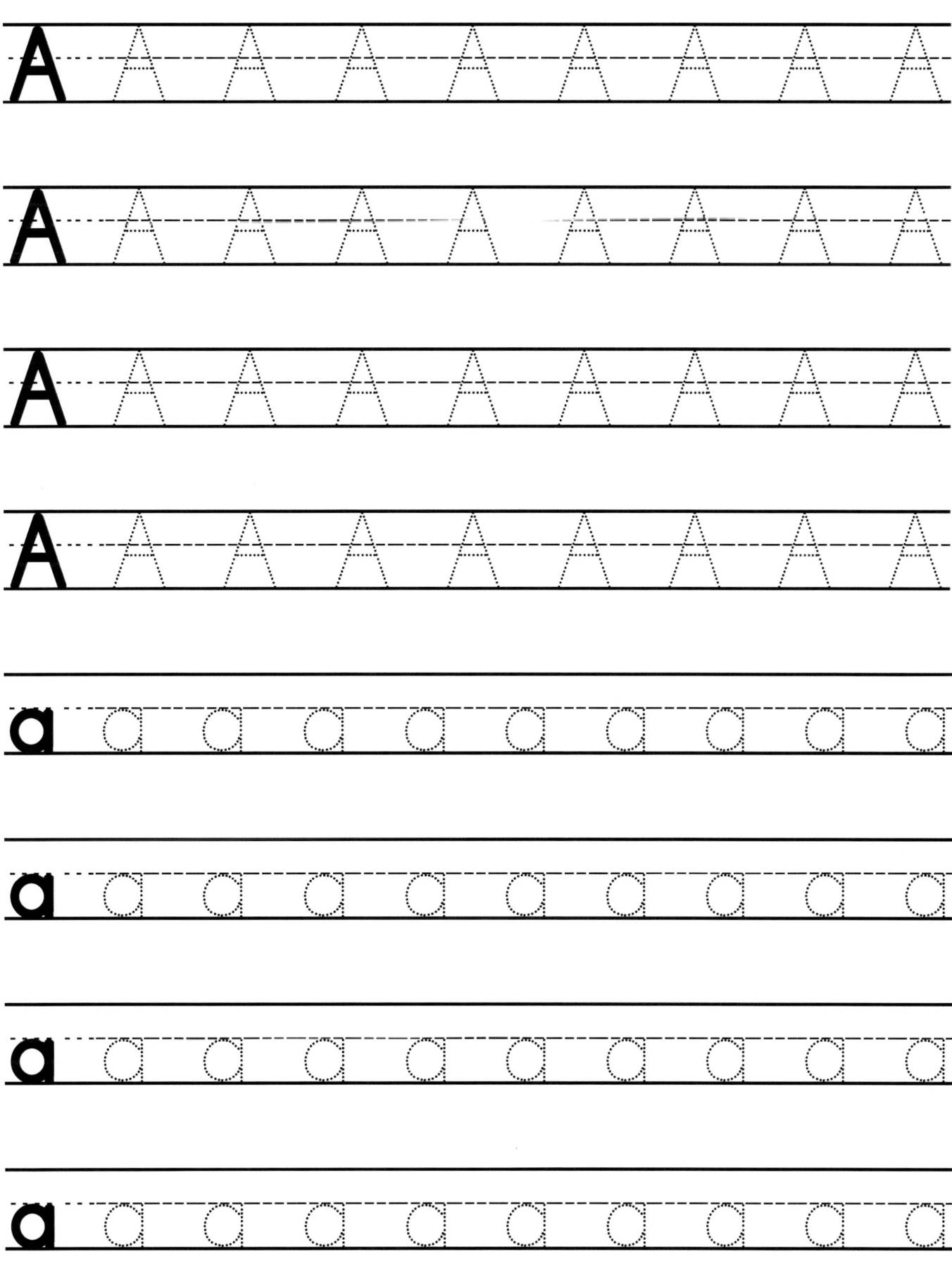

B **b**

Ballerina

Bailarina

B B B B B B B B B B B

b b b b b b b b b b b

B B B B B B B B B B

B B B B B B B B B B

B B B B B B B B B B

B B B B B B B B B B

b b b b b b b b b b

b b b b b b b b b b

b b b b b b b b b b

b b b b b b b b b b

Cc

Car

Carro

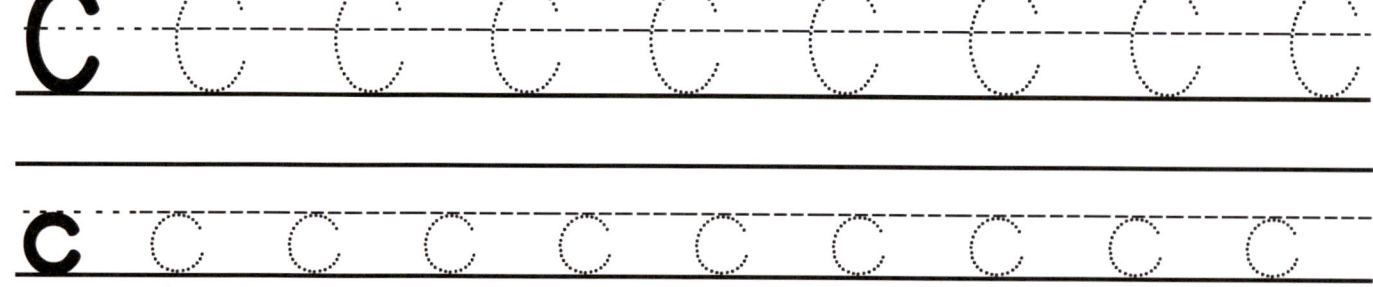

C C C C C C C C C

c c c c c c c c c c c

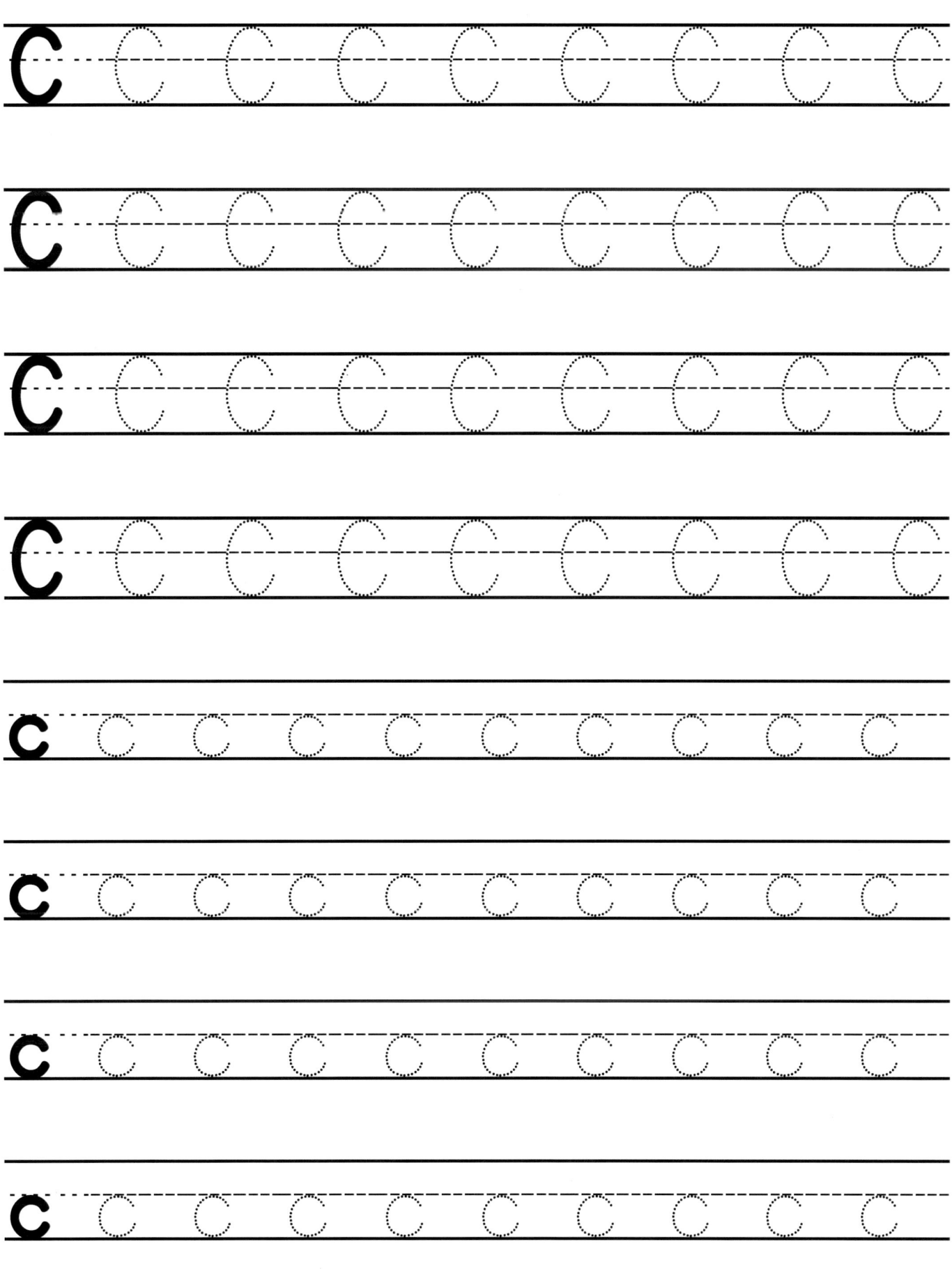

Dd

Dig
Excavar

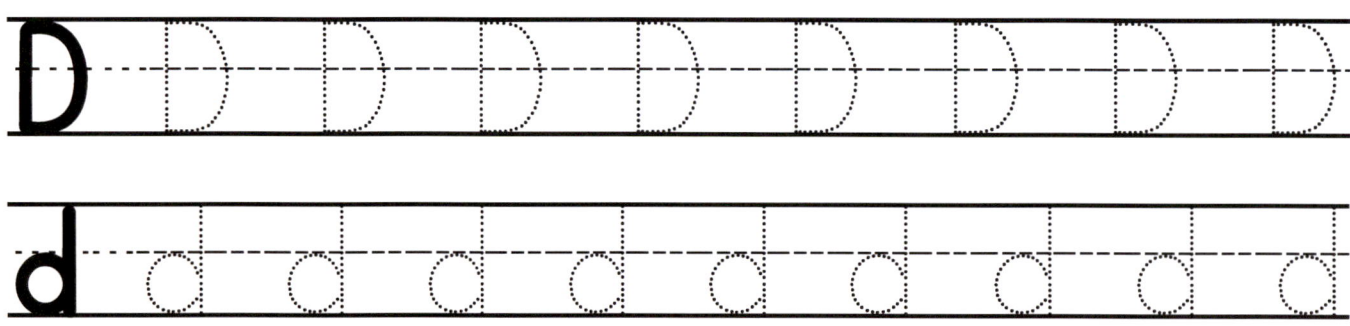

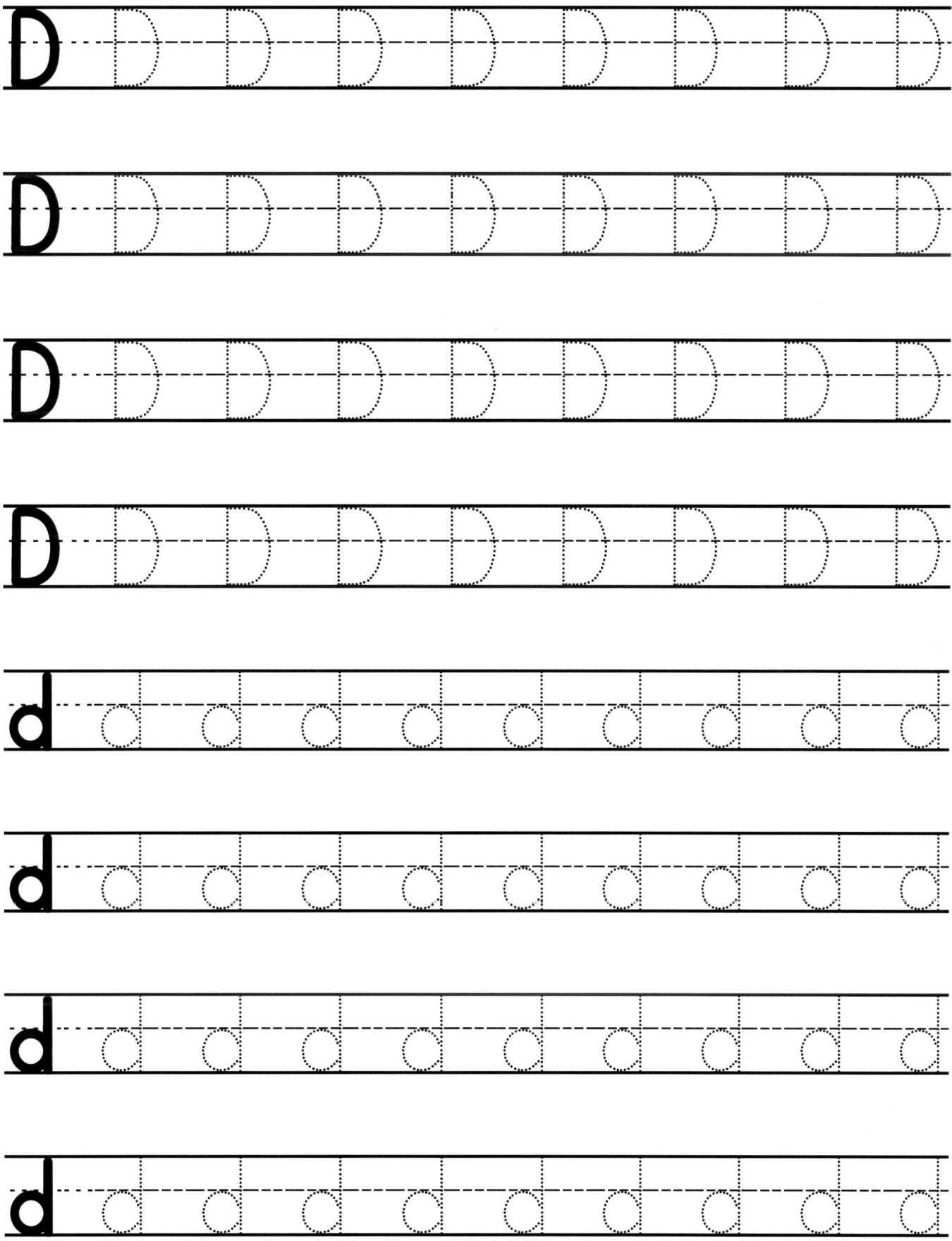

Ee

Elephant
Elefante

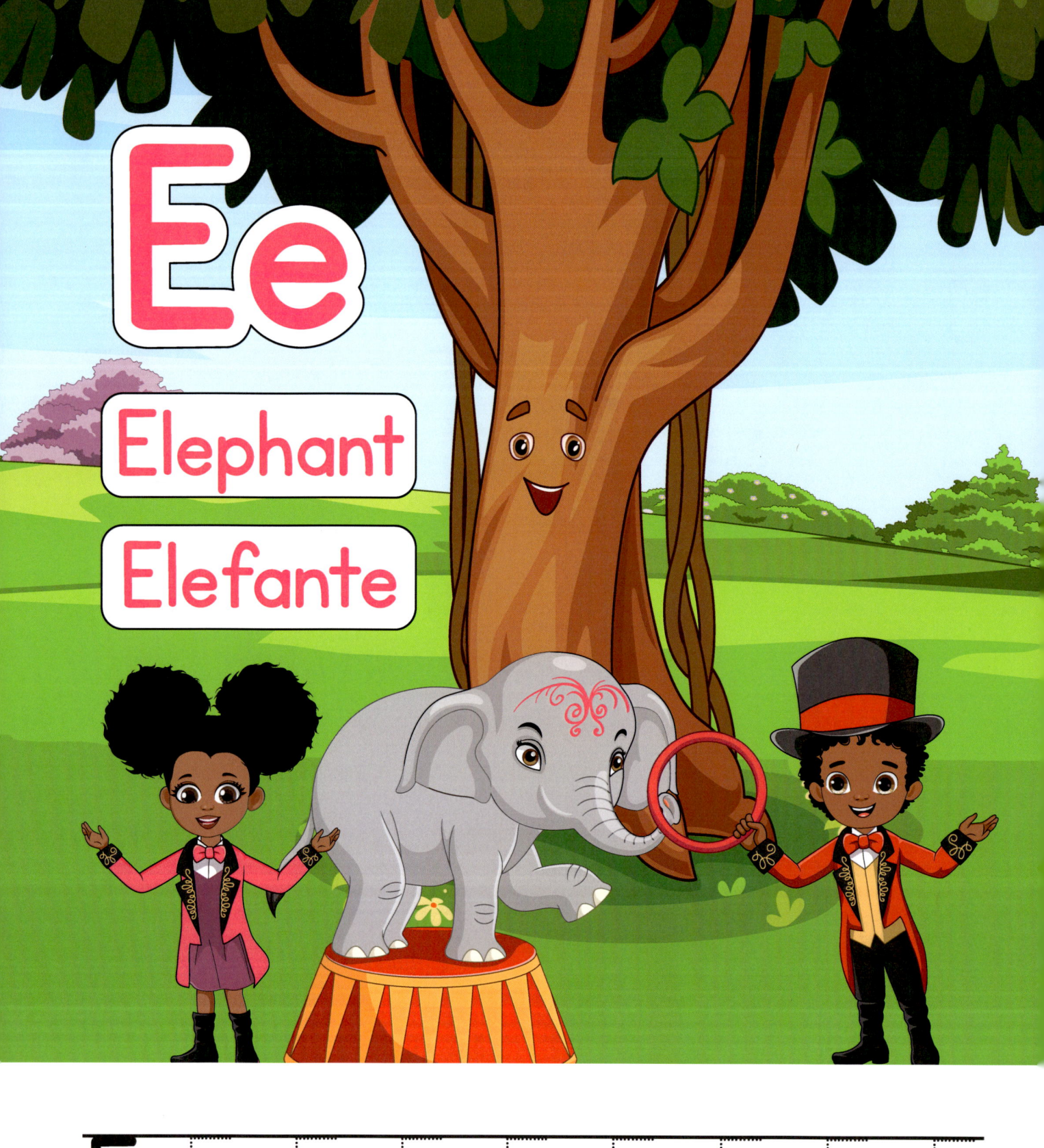

E E E E E E E E E E E

e e e e e e e e e e e

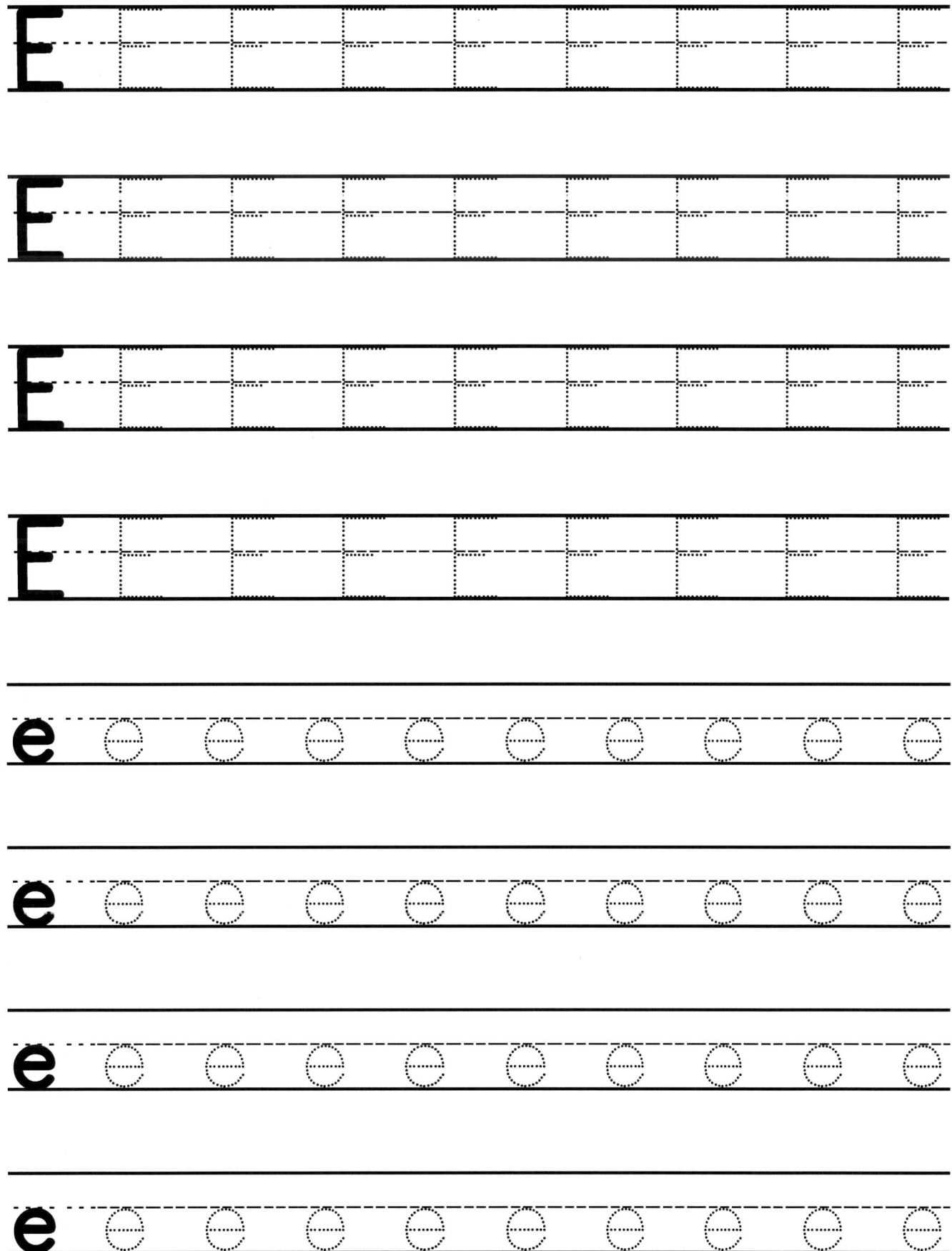

Ff

Frog
Rana

F

f

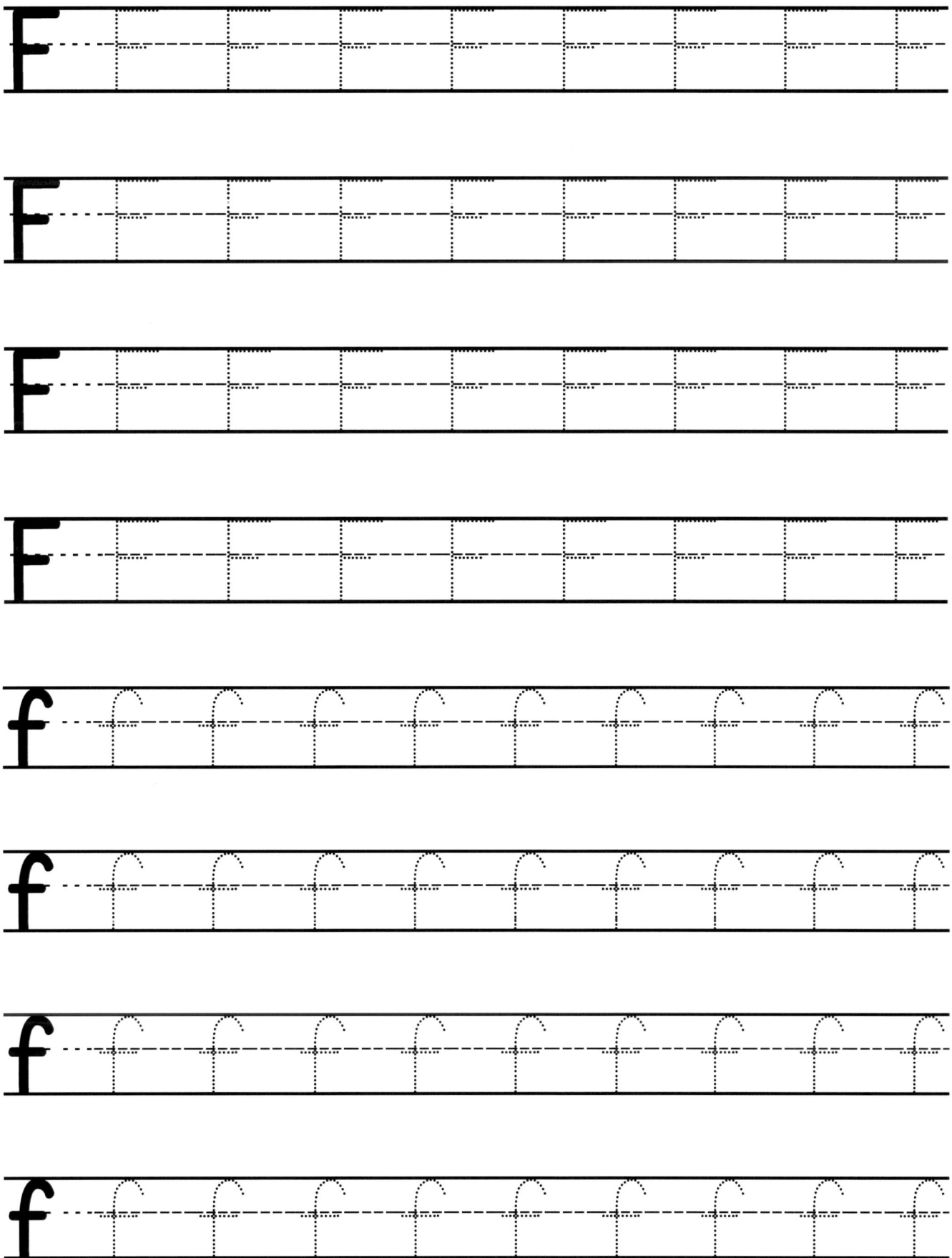

Gg

Giraffe
Jirafa

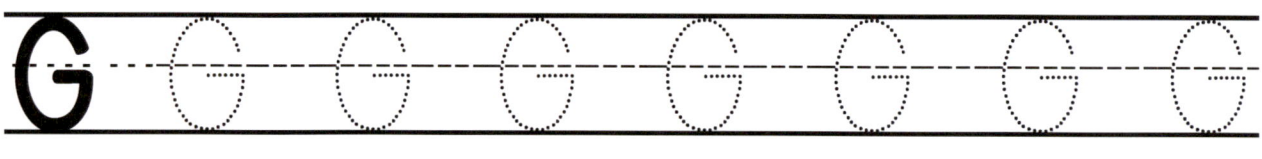

G G G G G G G G

g g g g g g g g g

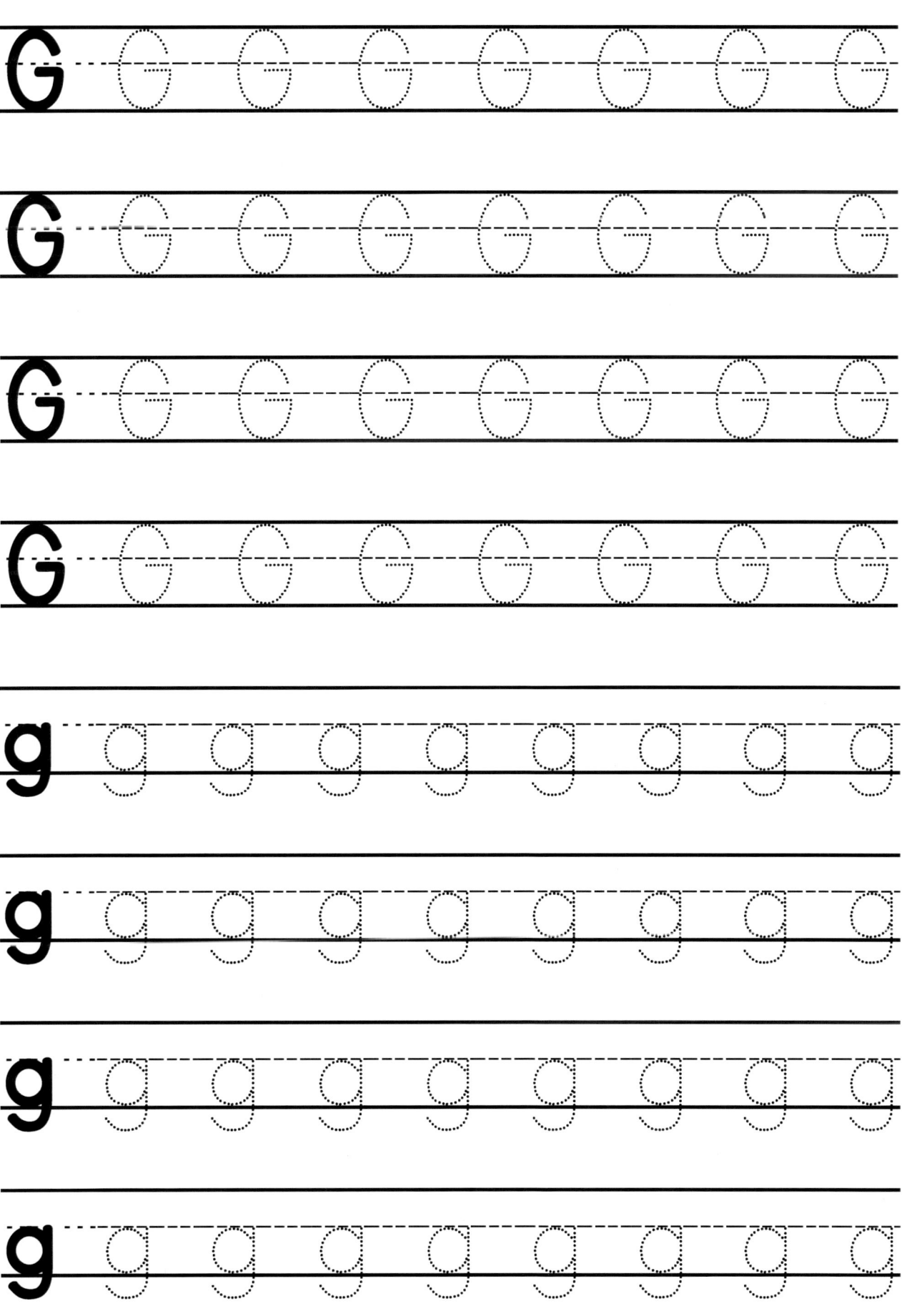

Hh

Hockey

Hockey

H

h

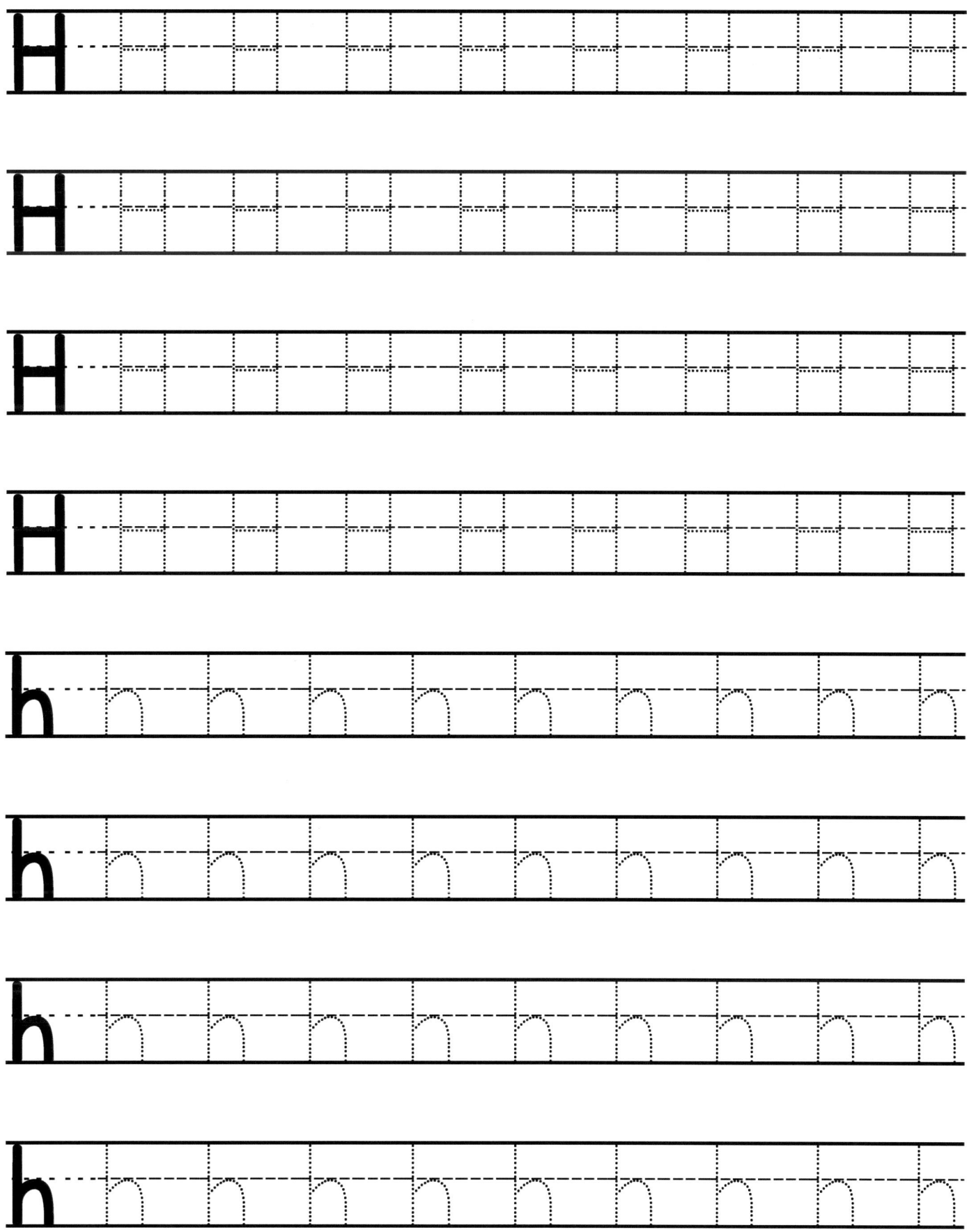

Ii

Ice Cream

Helado (Nieve)

I

i

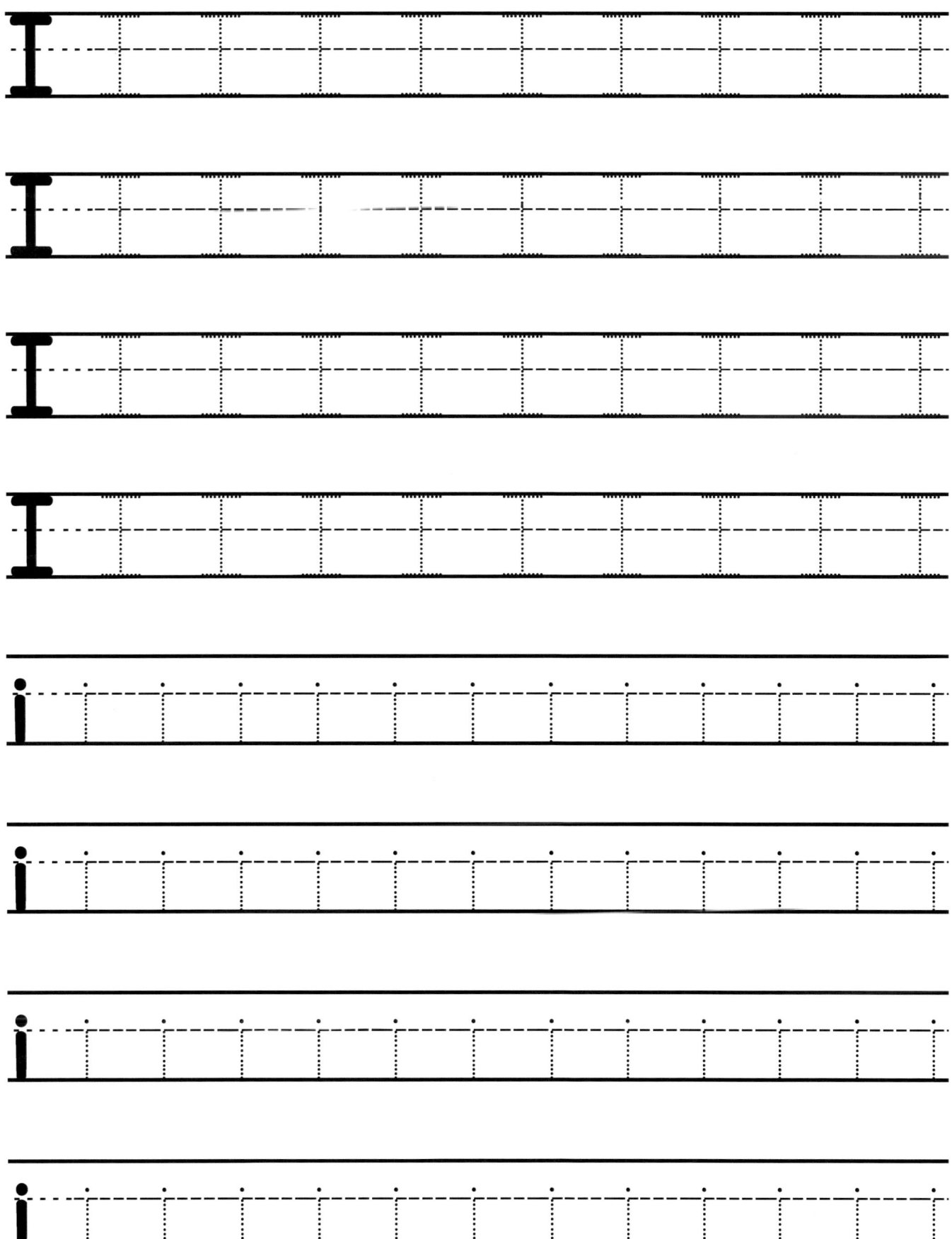

Jj

Jump
Saltar

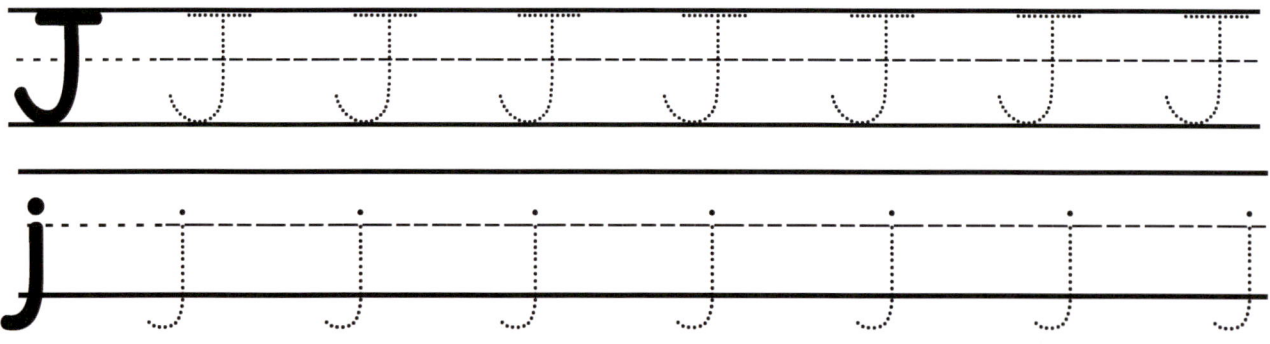

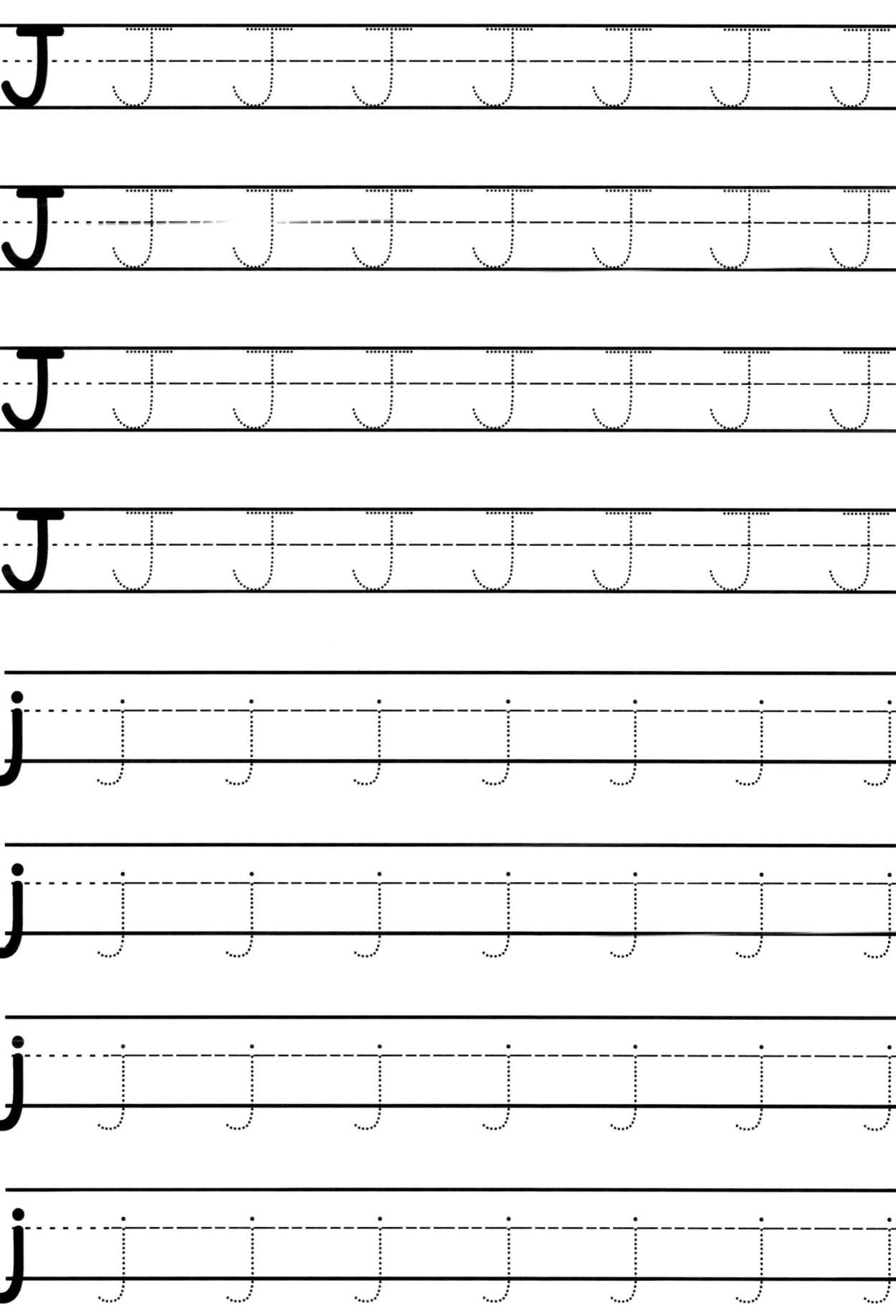

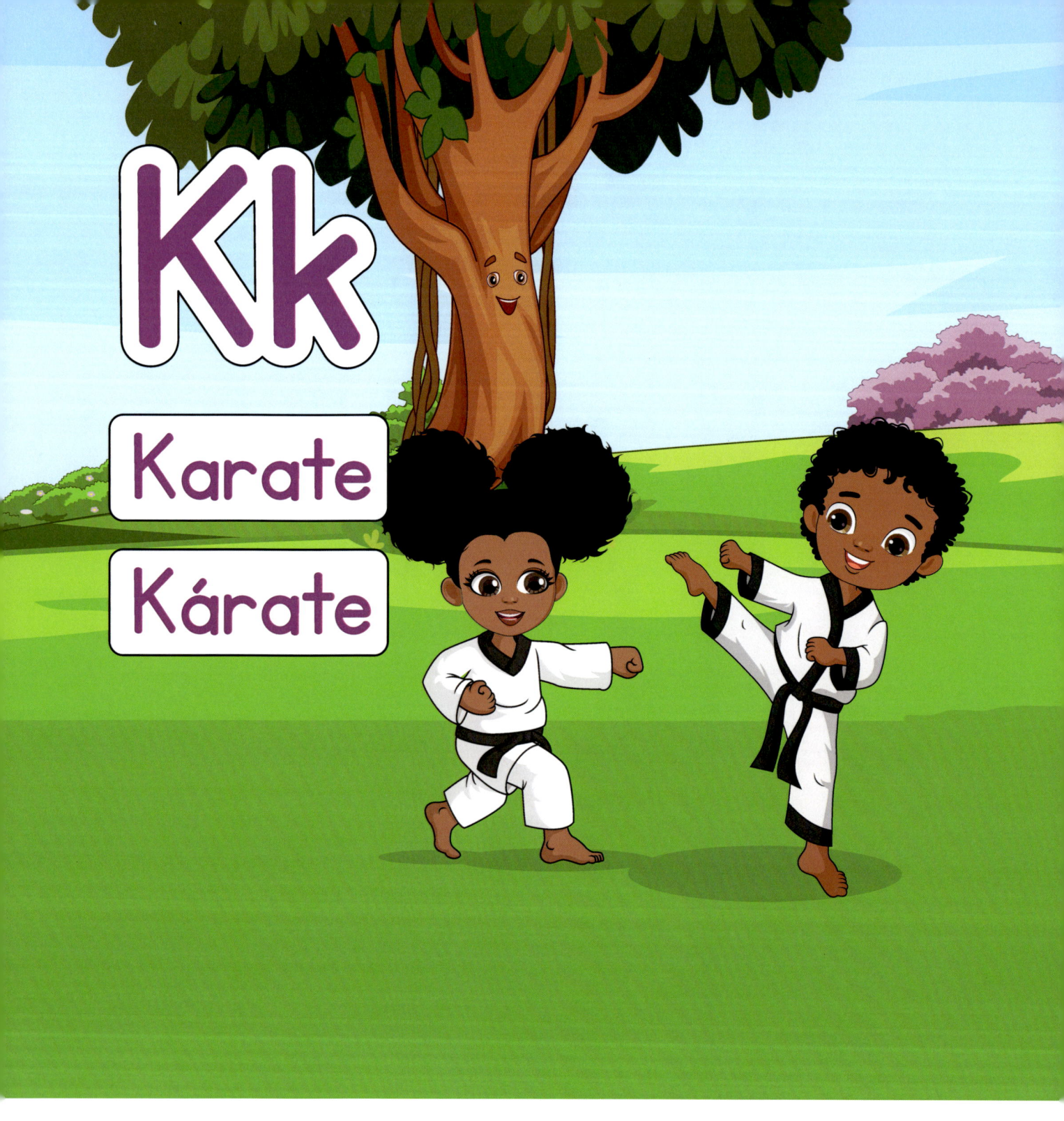

Kk

Karate

Kárate

K K K K K K K K K K

k k k k k k k k k k

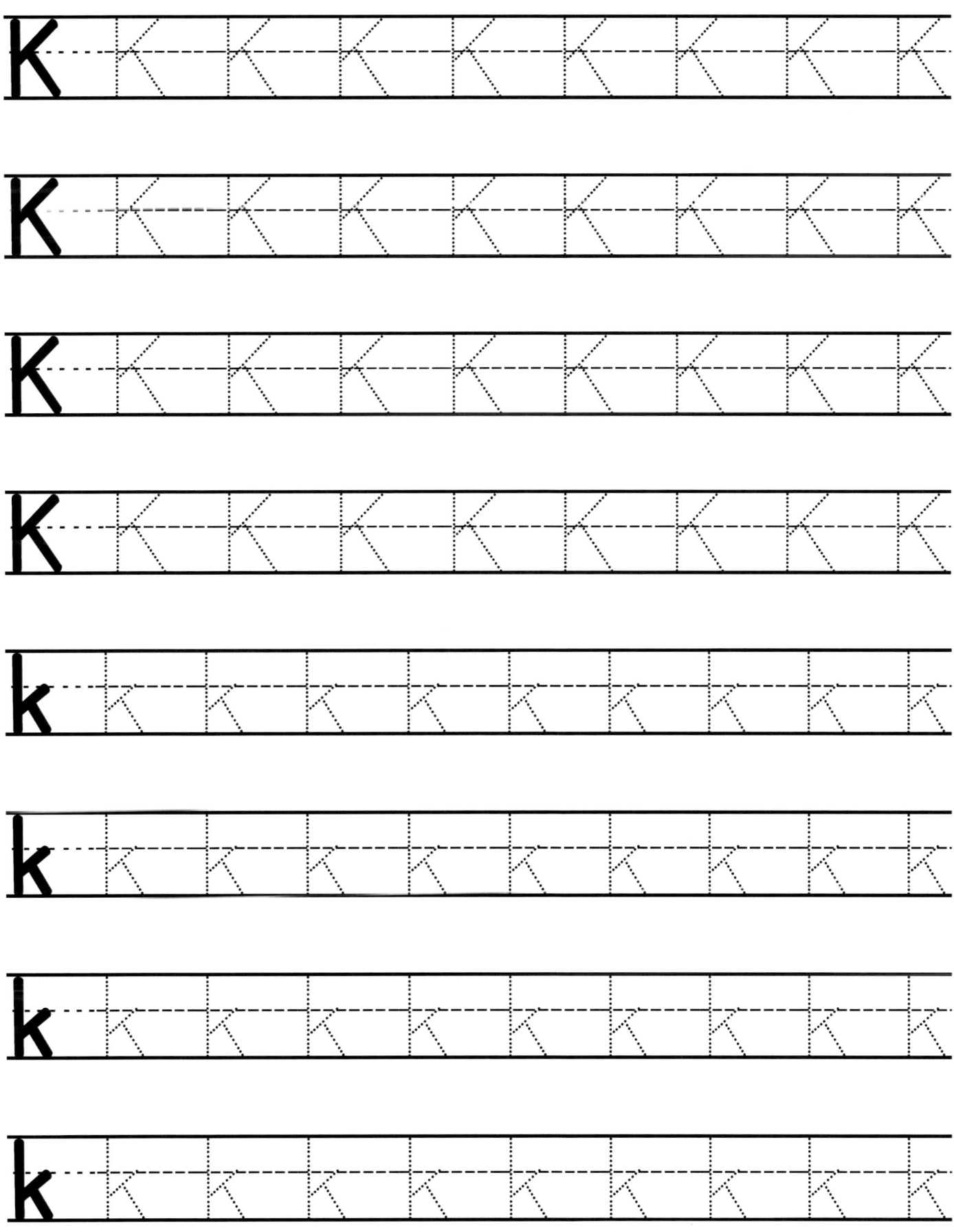

Ll

Lion

León

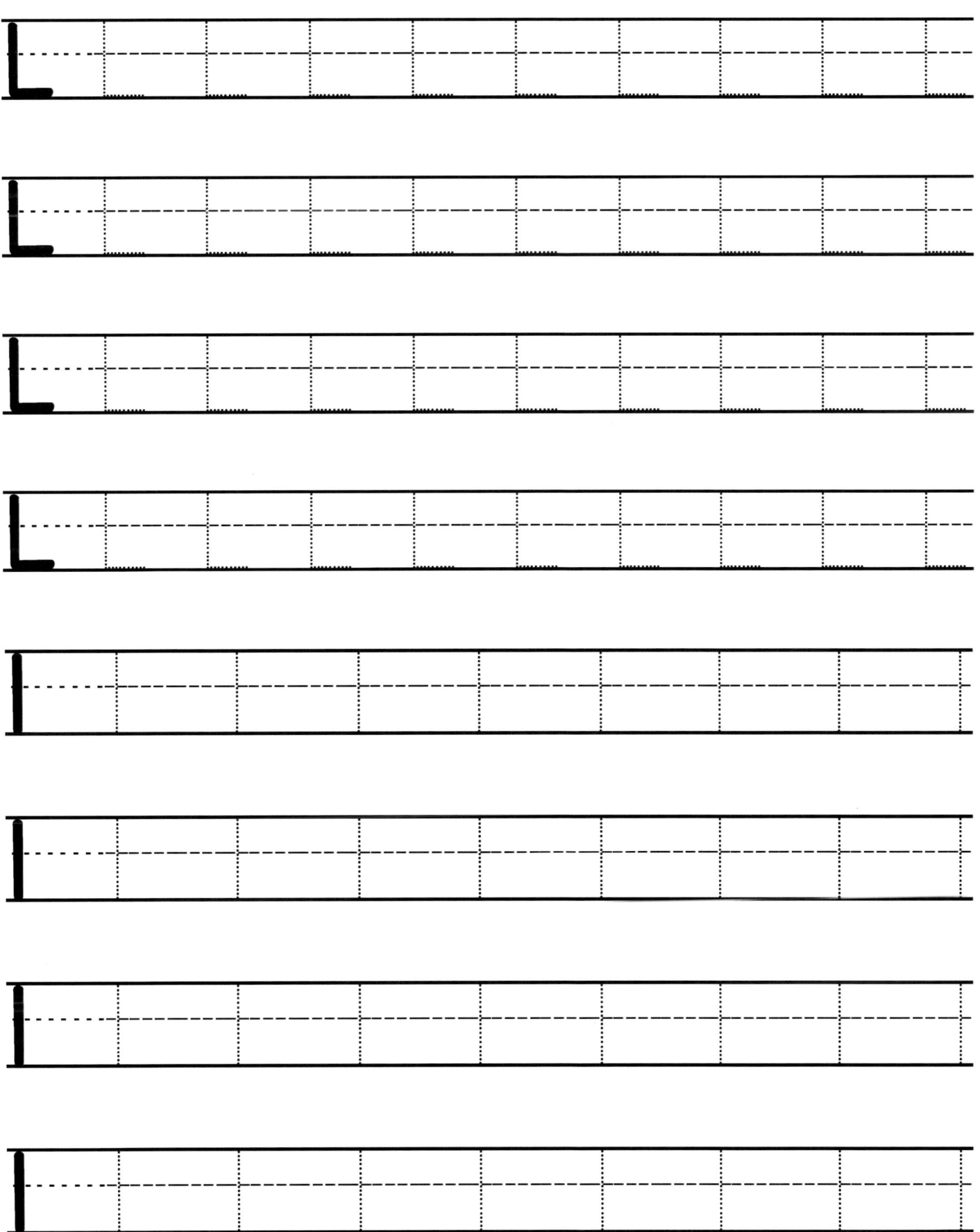

Mm

Magic

Magia

M | M M M M M M M M M M

m | m m m m m m m m m m

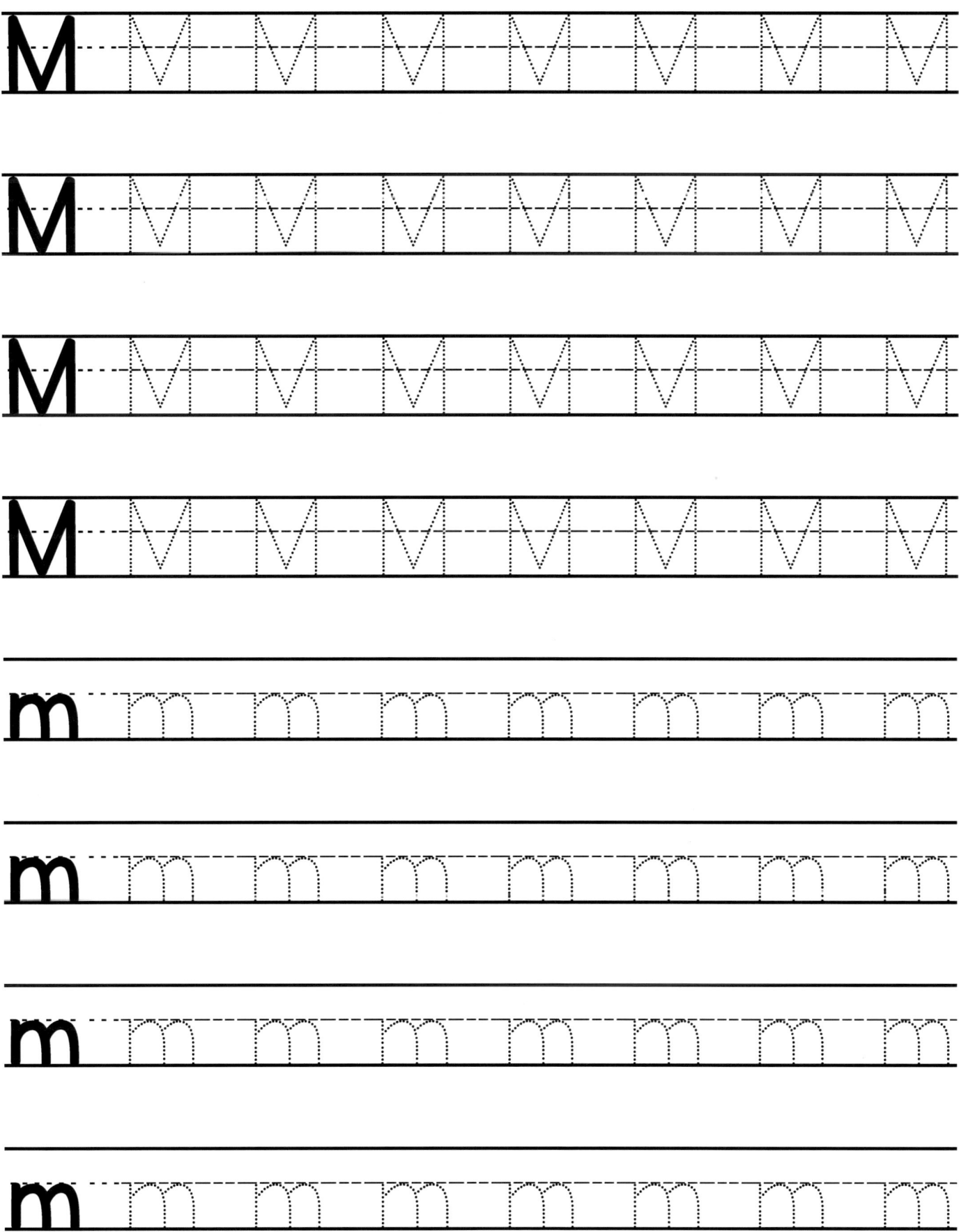

Nn

Nest

Nido

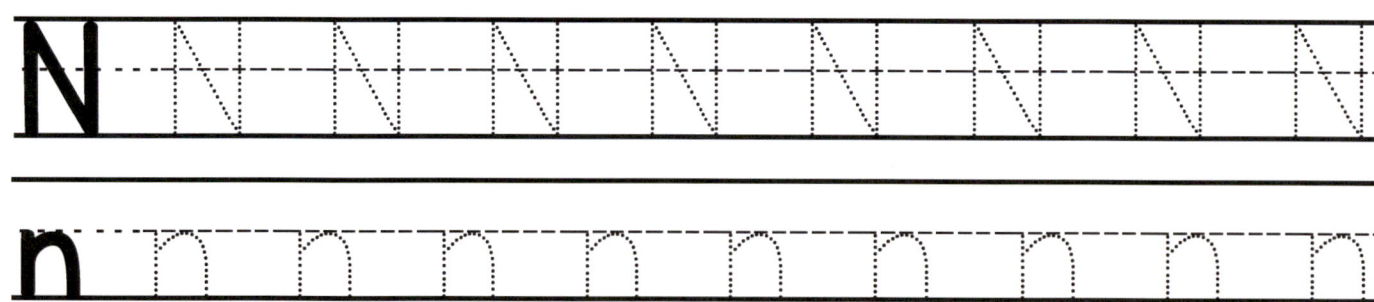

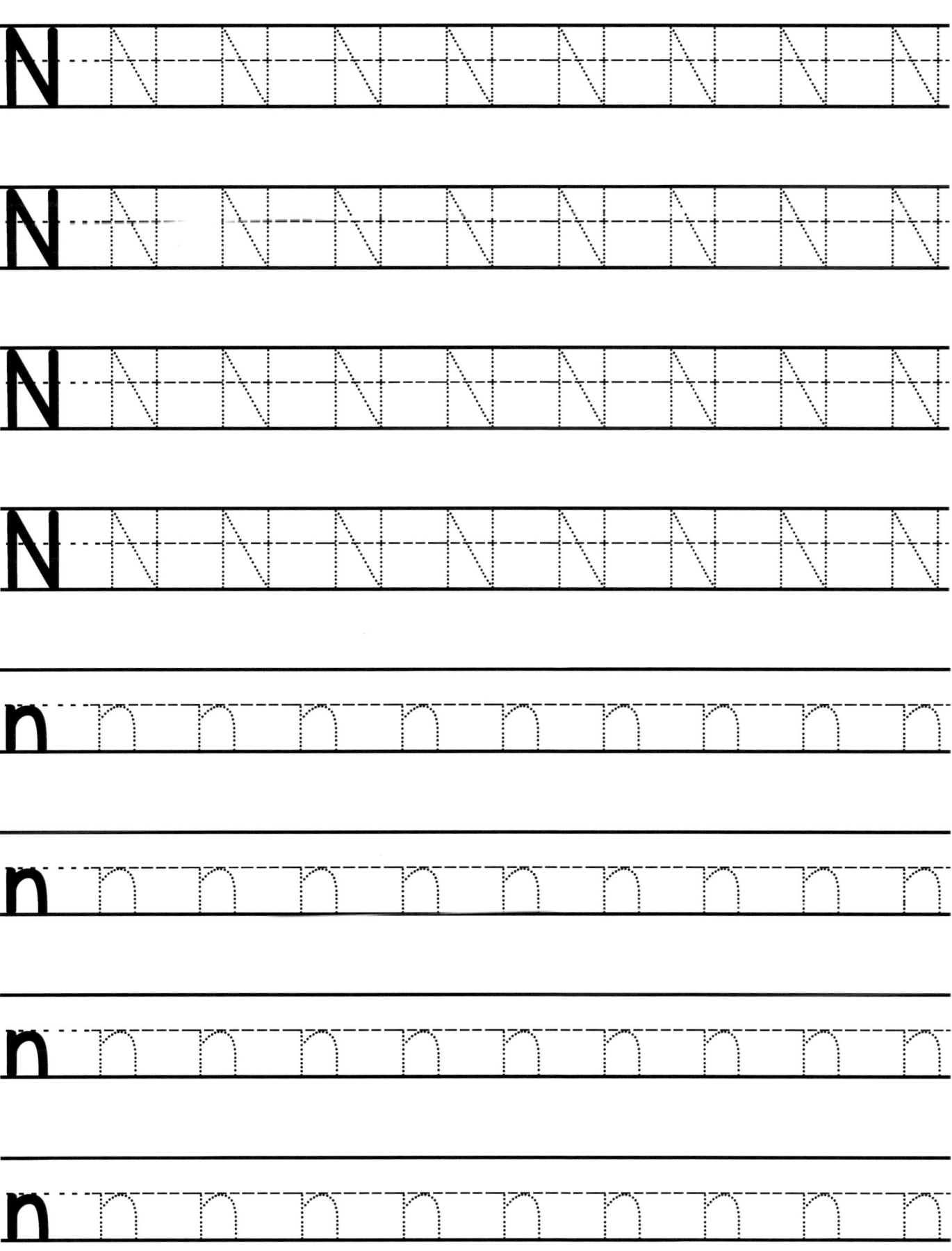

Oo

Owl

Búho

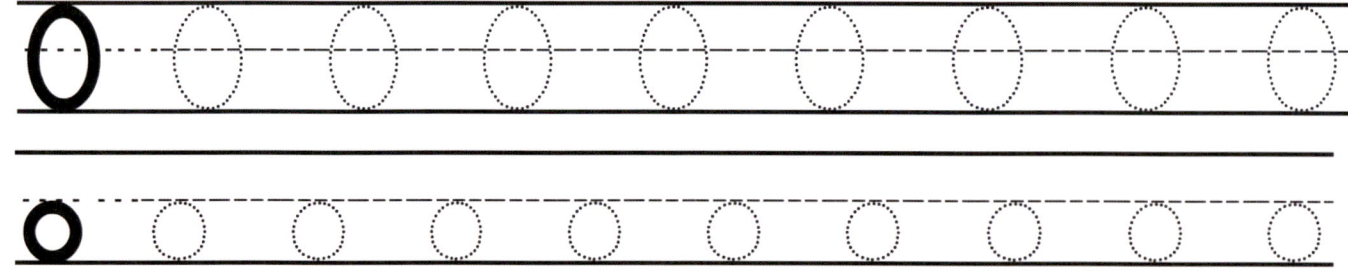

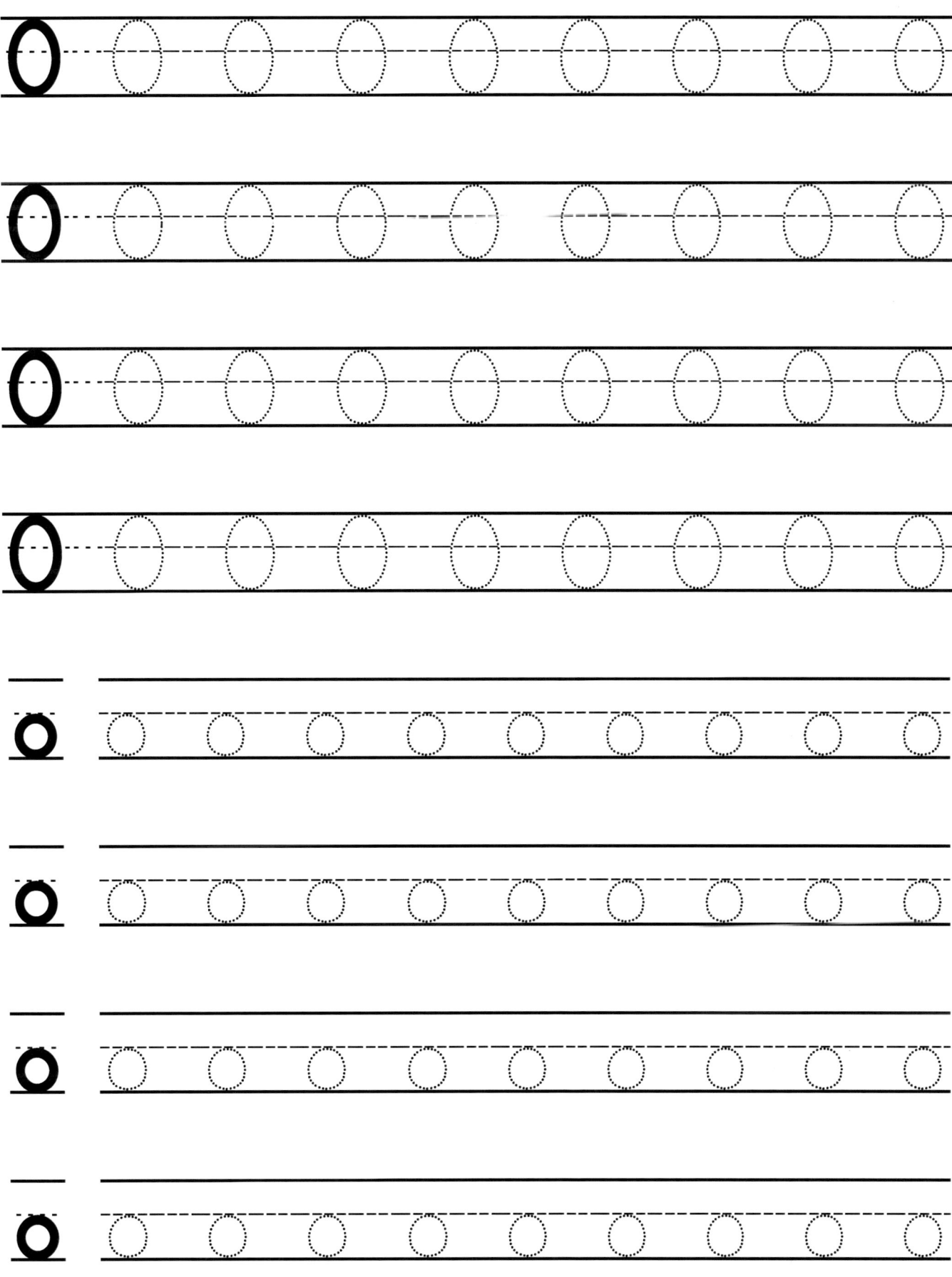

Pp

President
Presidente

P p P p P p P p P p P p P p P p P

p p p p p p p p p p p p p p p p

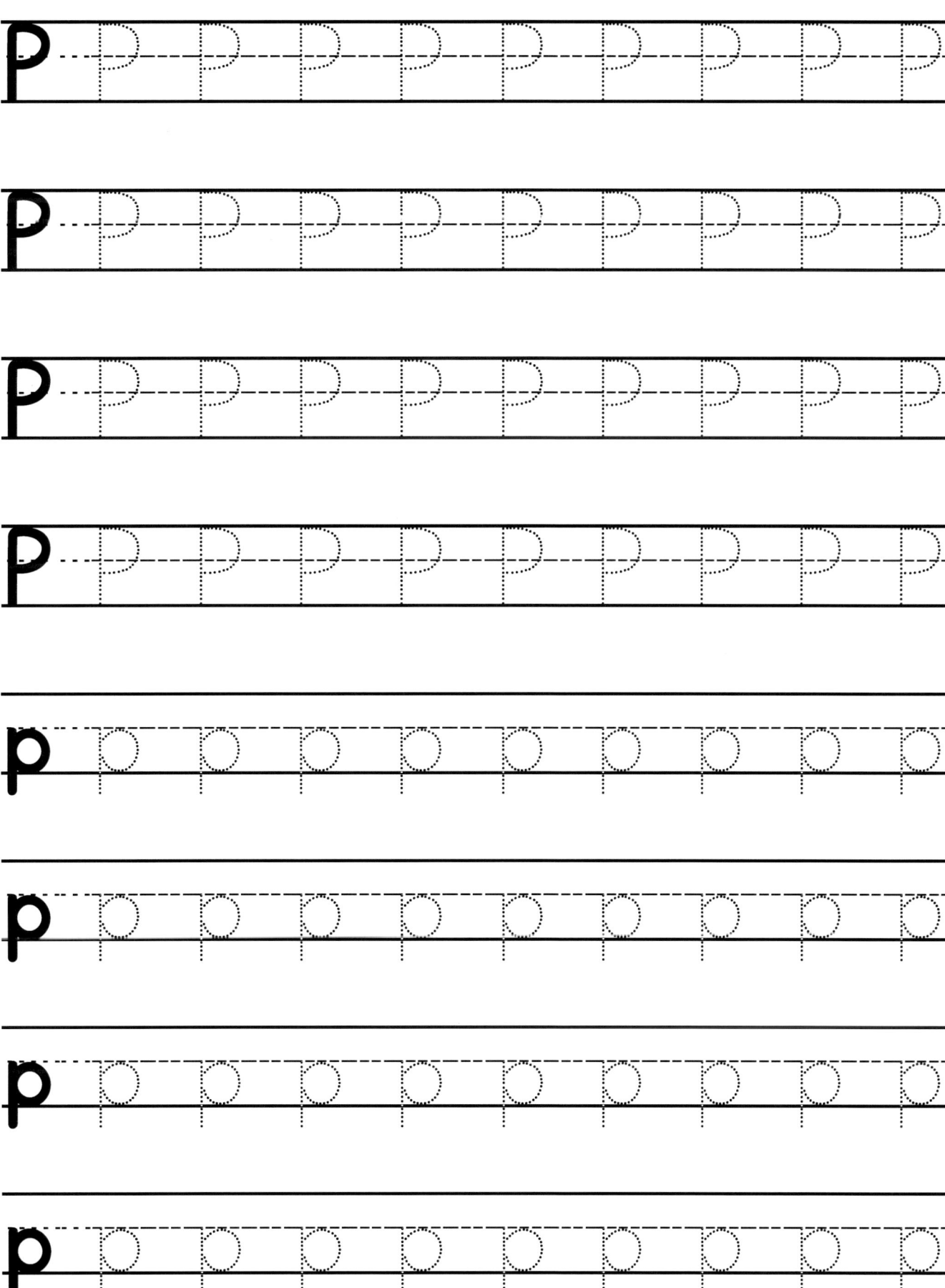

Qq

Queen

la Reina

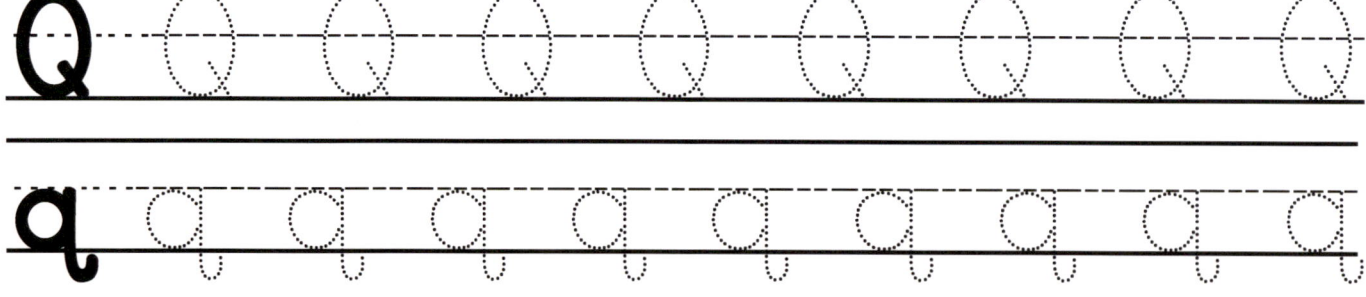

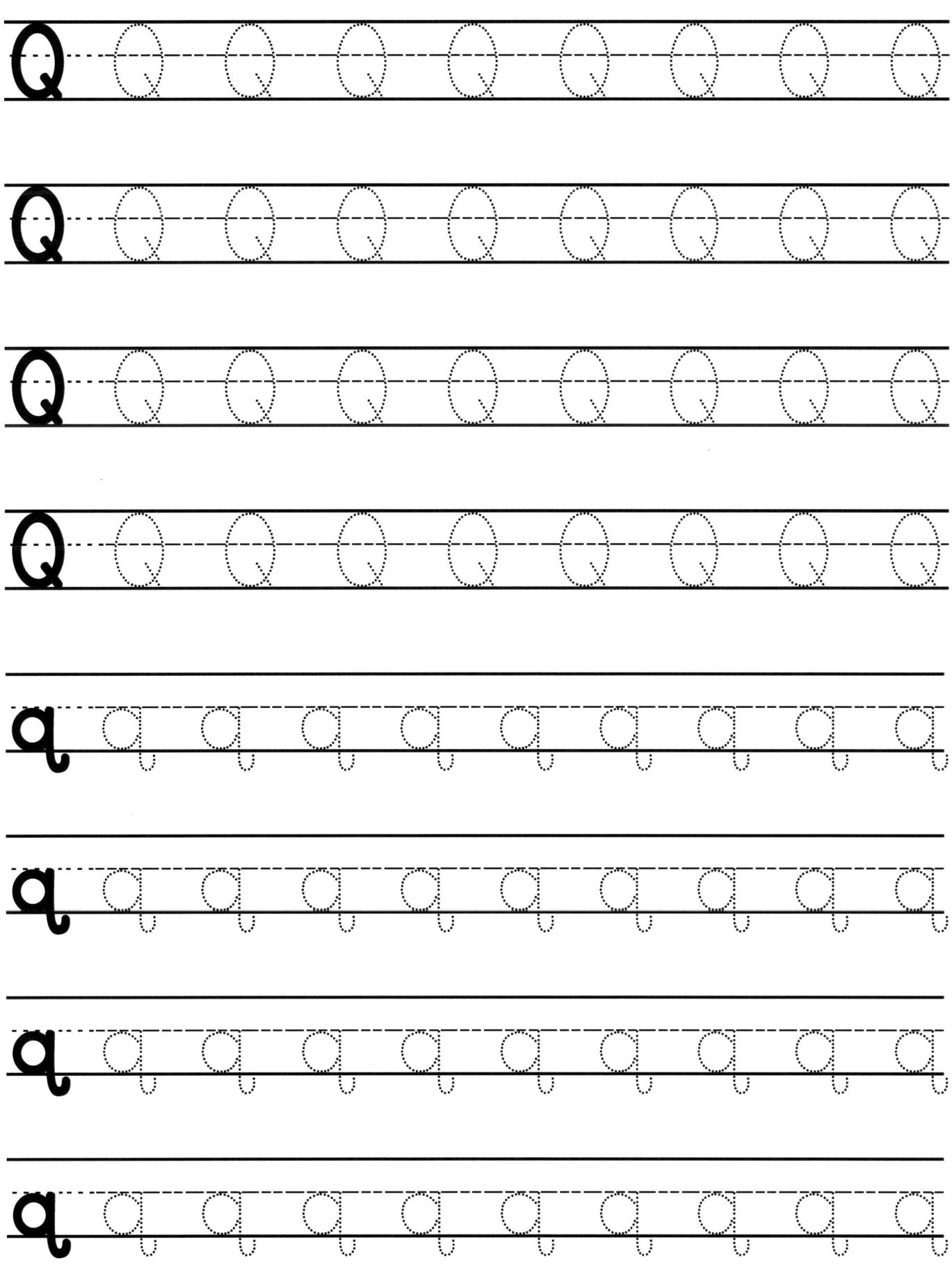

Rr

Rainbow
Arcoíris

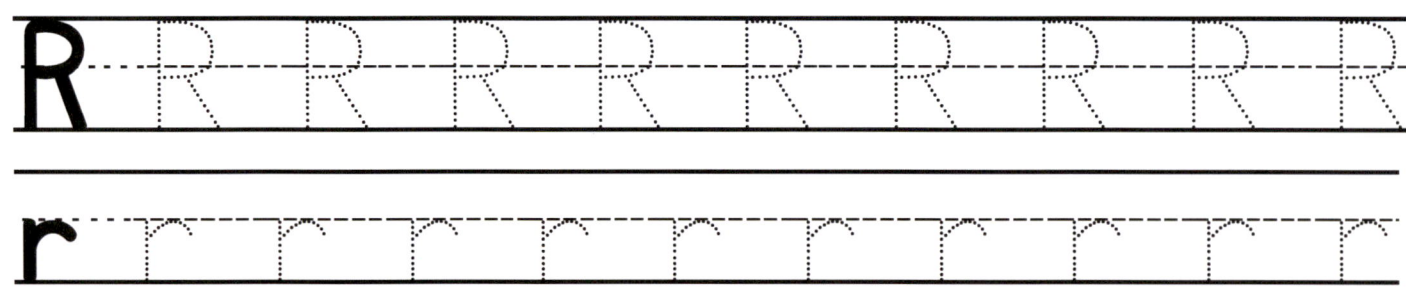

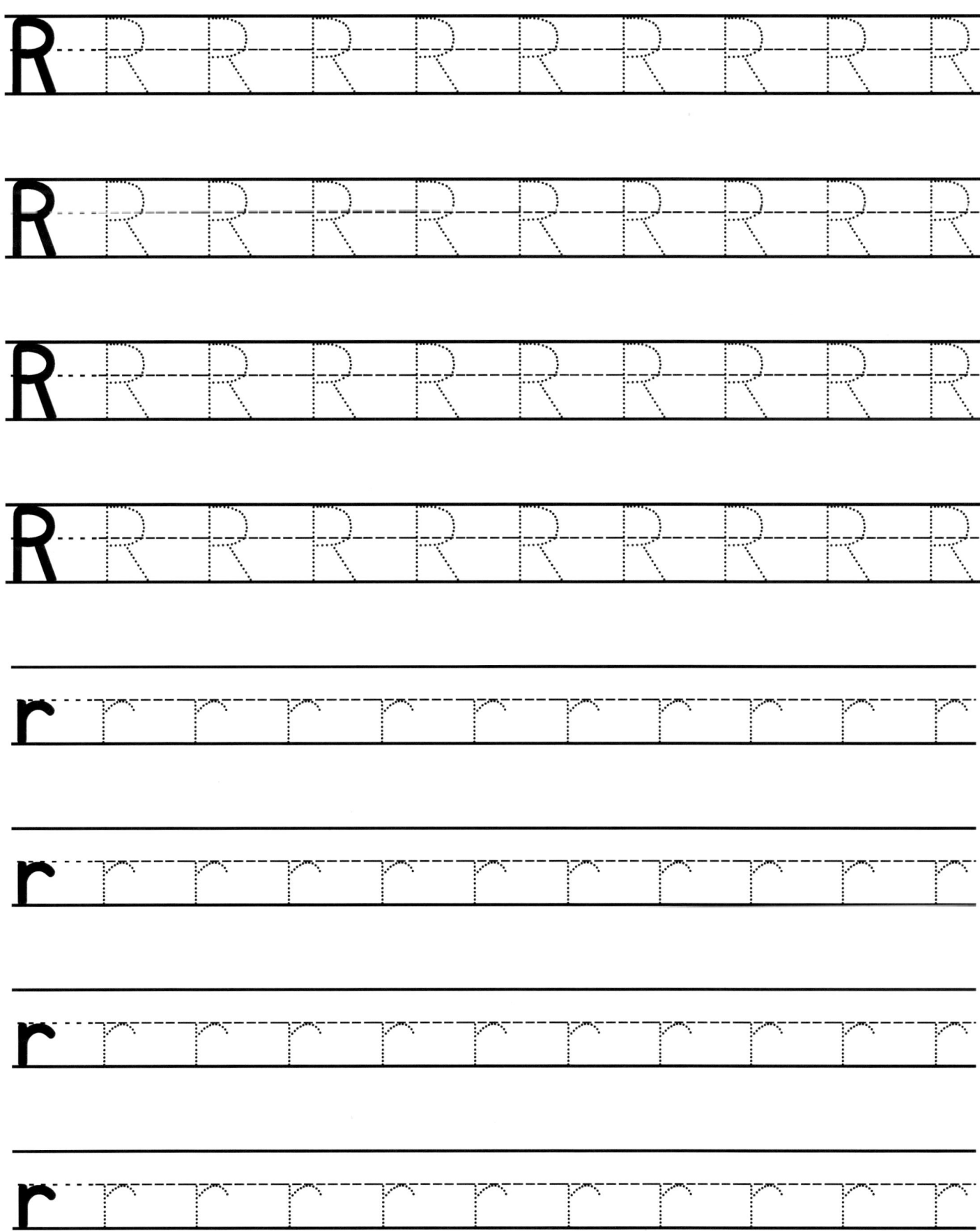

Ss

Science

Ciencia

S

s

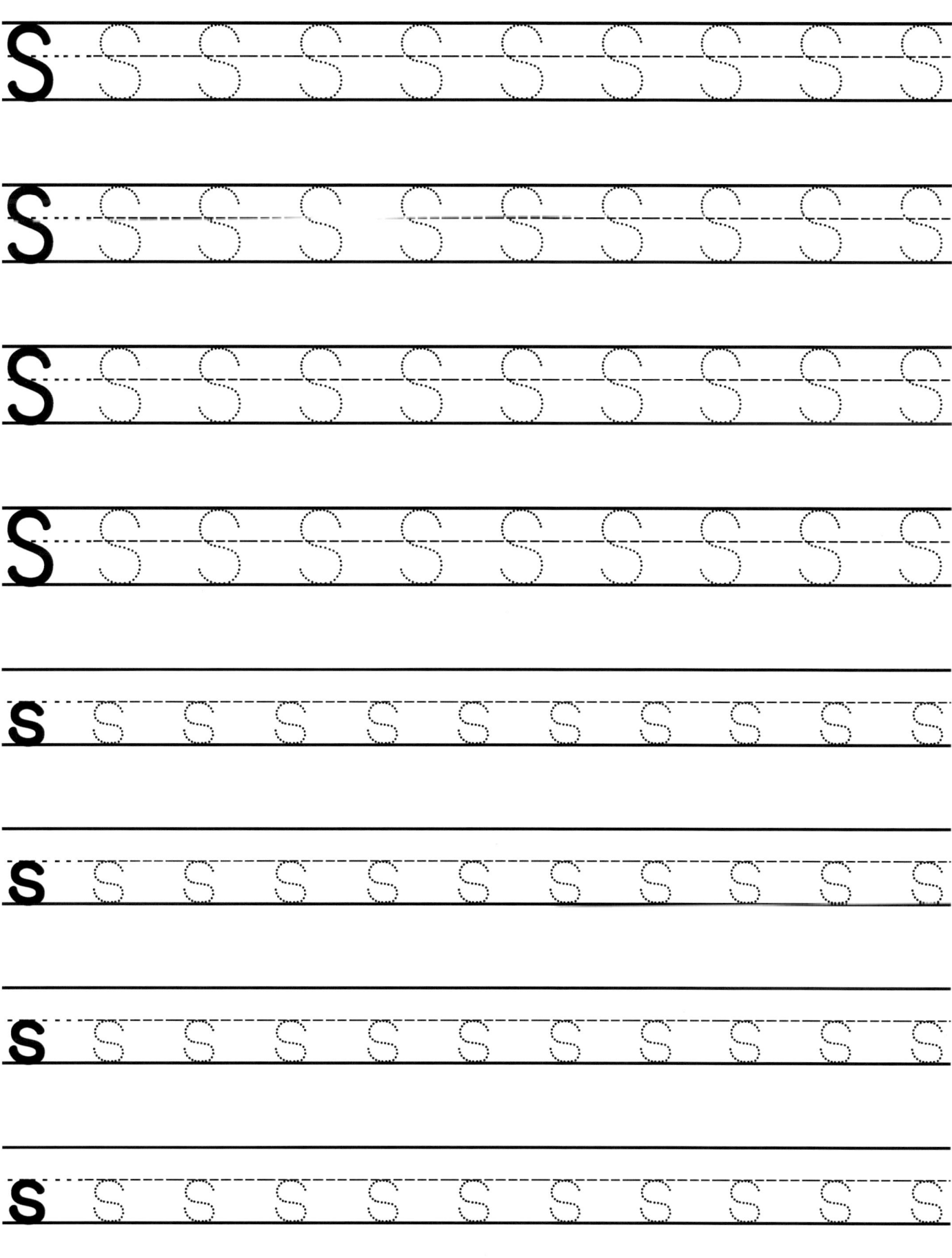

T t

Tennis

Tenis

T

t

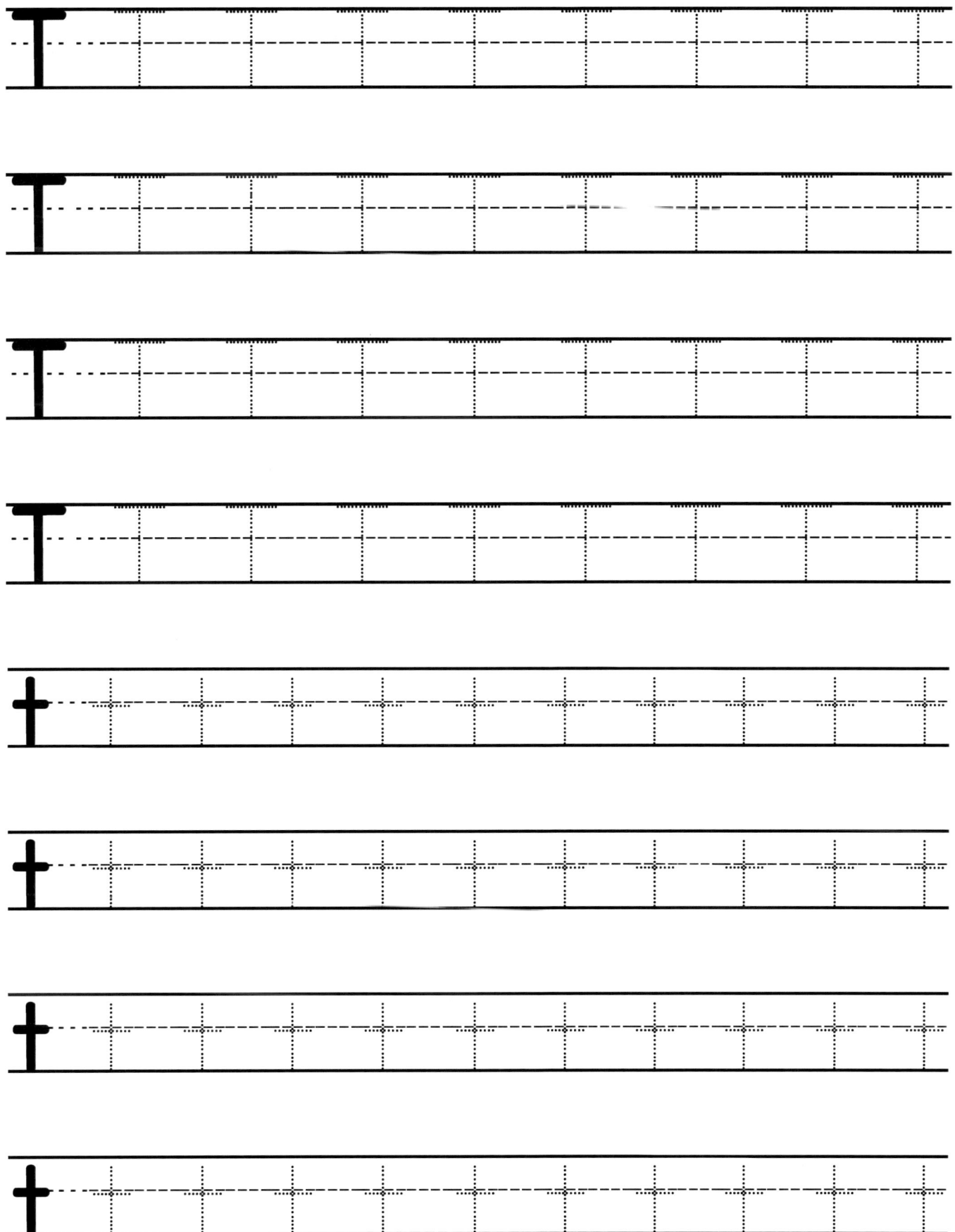

Uu

Umbrella
Paraguas

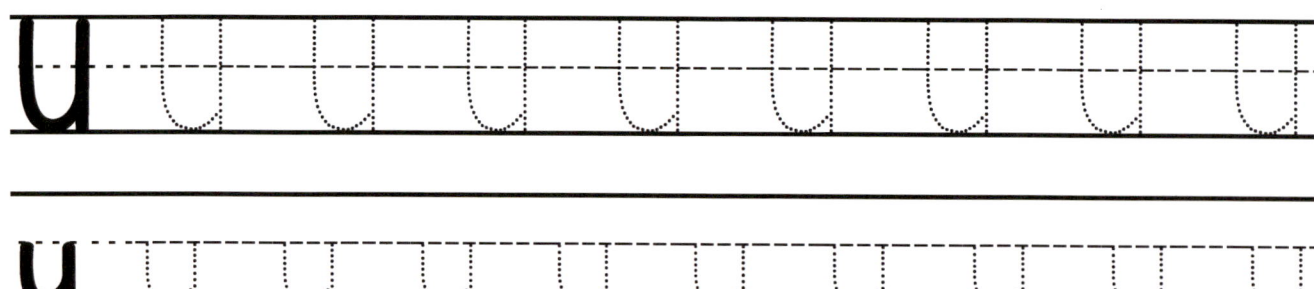

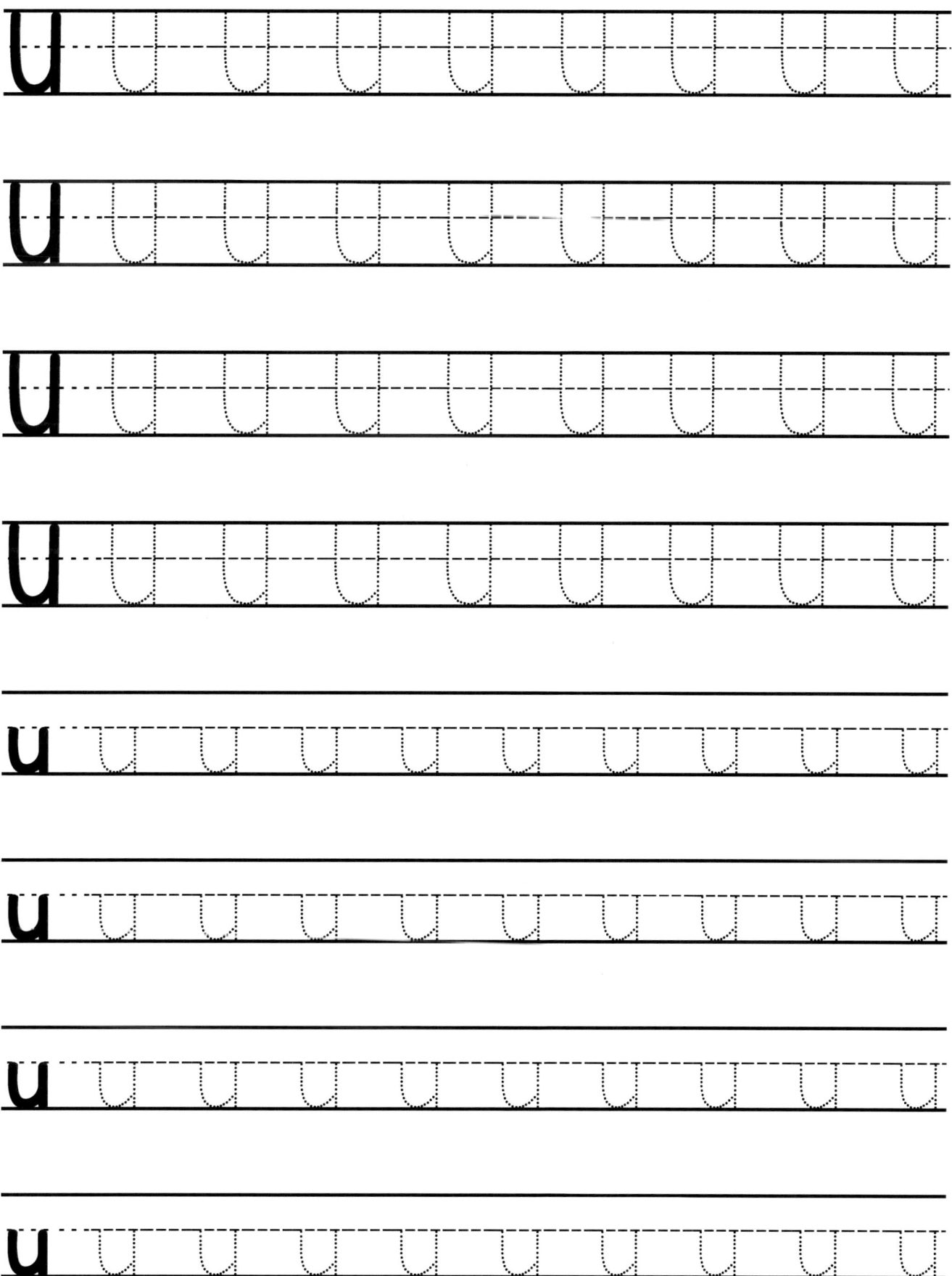

Vv

Volleyball
Voleibol

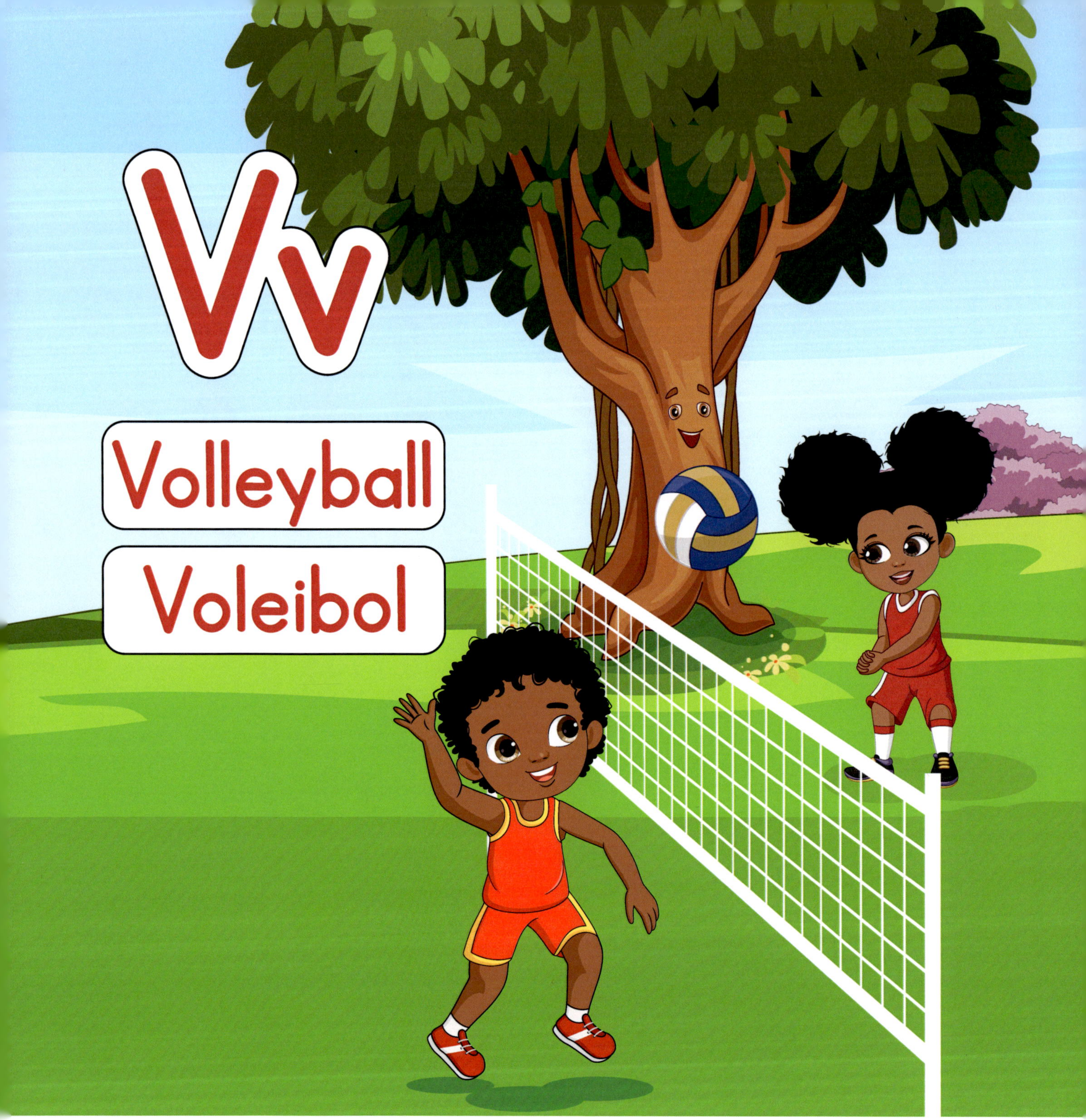

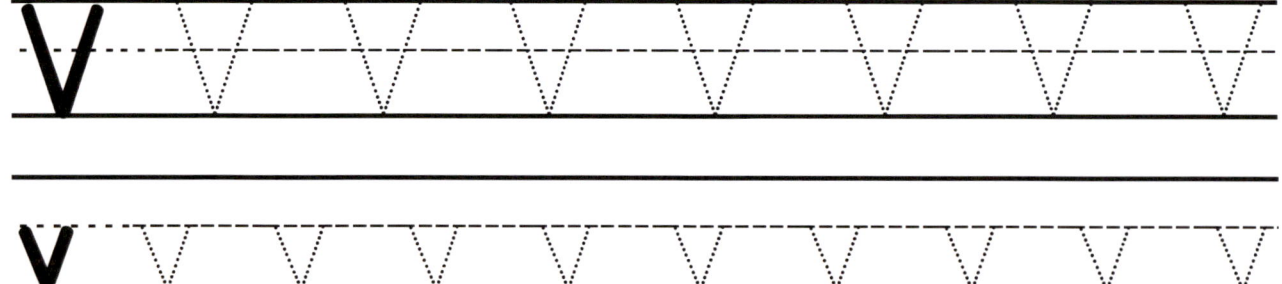

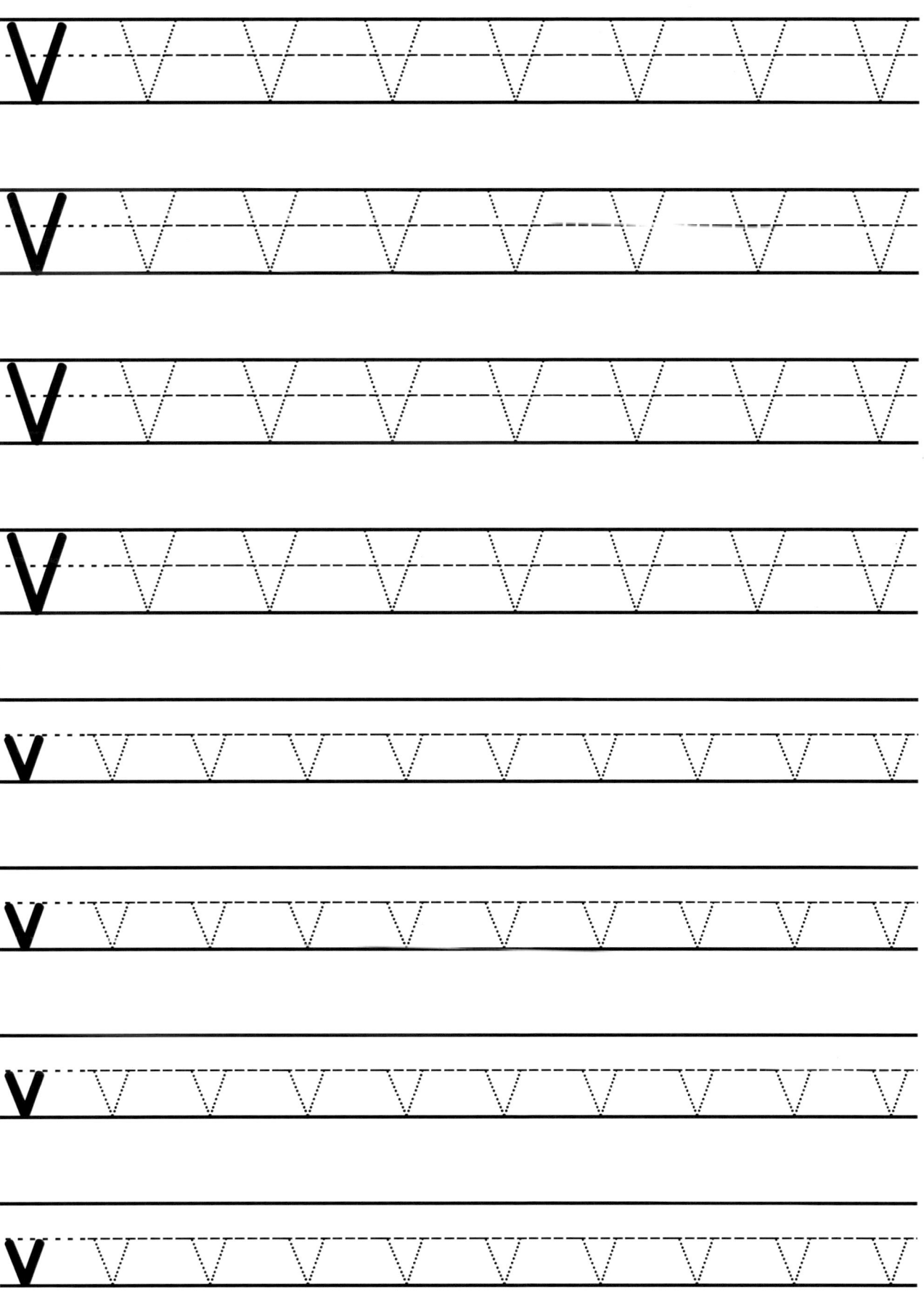

Ww

Wagon

Vagón

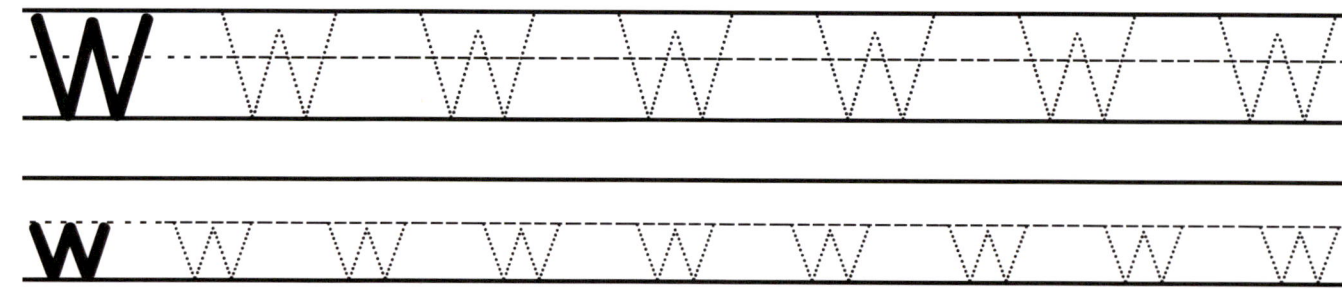

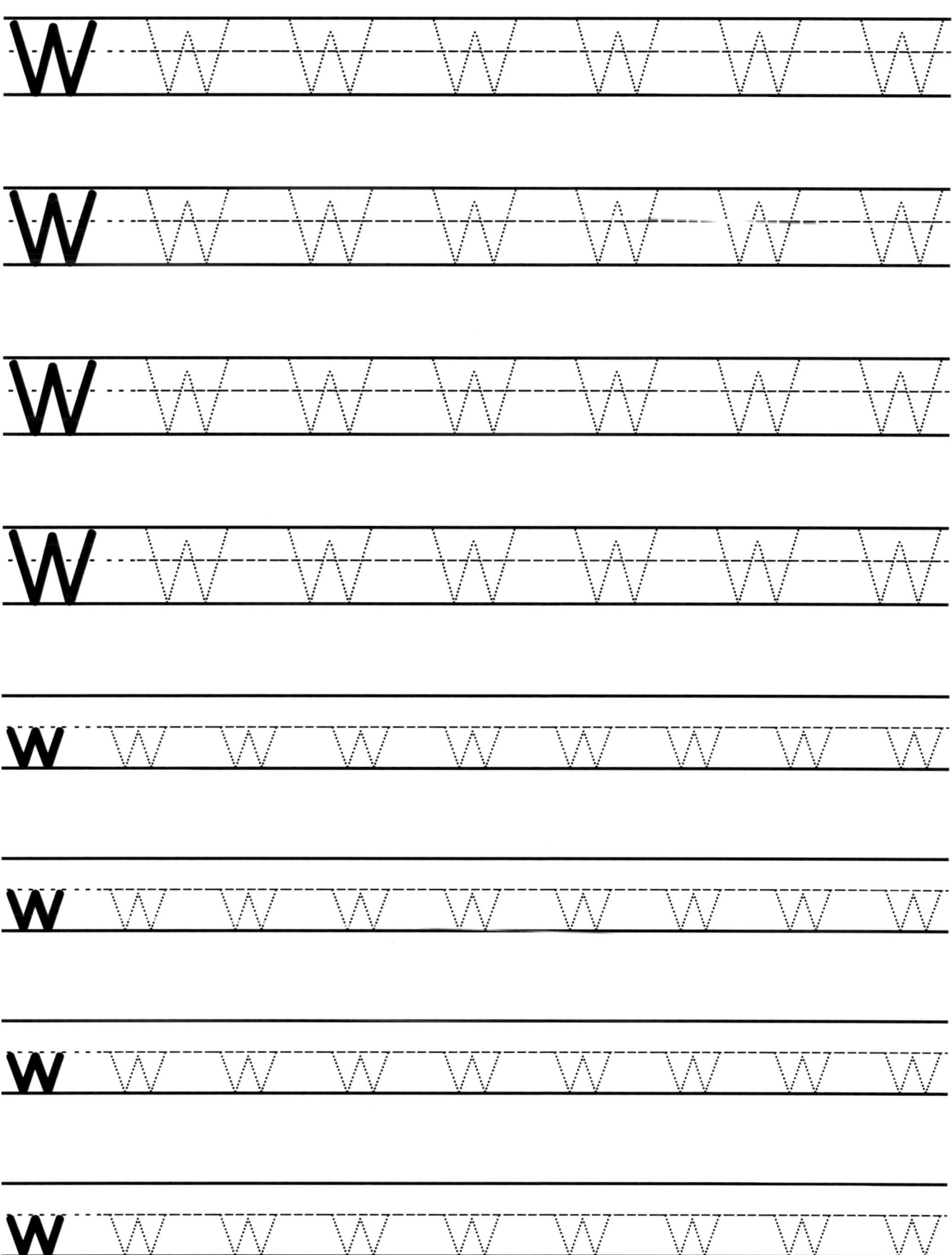

Xx

X-ray

Radiografía

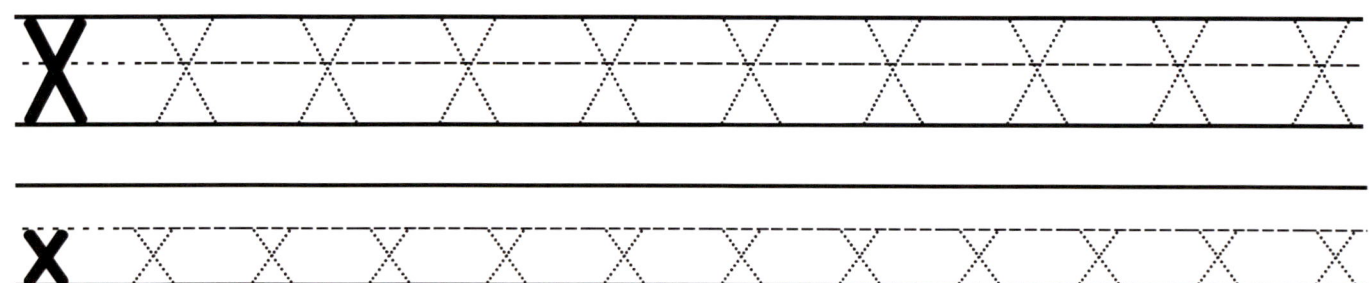

X

x

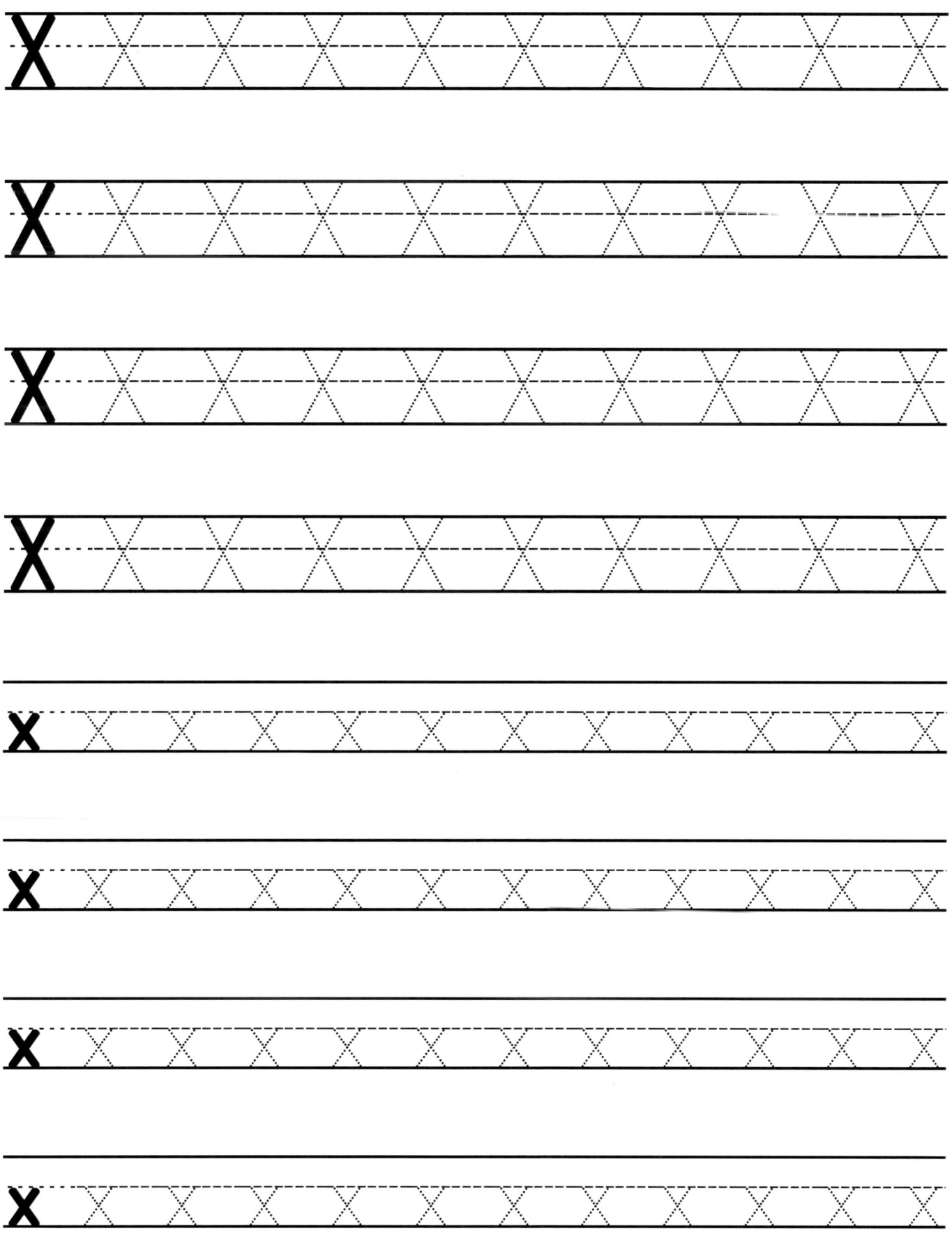

Yy

Yoga

Yoga

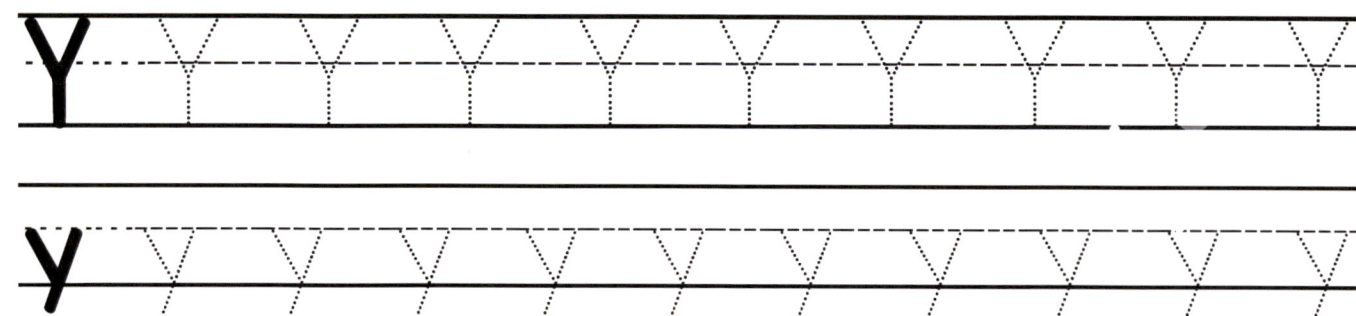

Y
y

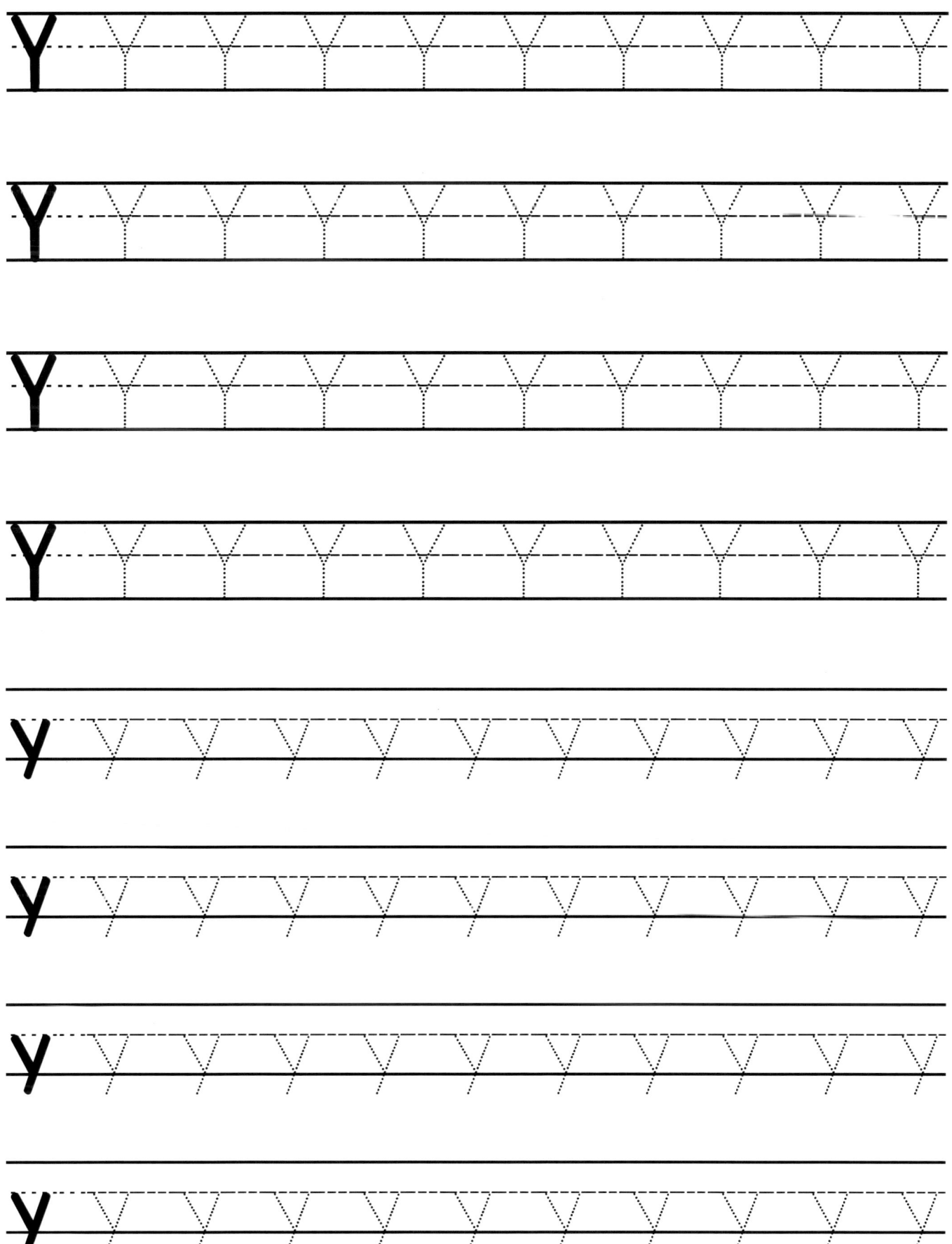

Zz

Zip

Cremallera

Z

z

Z
Z
Z
Z
z
z
z
z